AF438687

SIX SEMAINES BIEN EMPLOYÉES

SOUVENIR

D'UN

VOYAGE EN ORIENT

PAR

Madame H. D.

EN VENTE AU PROFIT D'UNE ŒUVRE CHARITABLE

LYON

IMPRIMERIE GÉNÉRALE DU RHONE

P. Goyard, rue de la Belle-Cordière, 11

1879

A mes chers beaux-parents, qui, en prodiguant à mes enfants leurs soins affectueux, m'ont permis de courir le monde.

SIX SEMAINES BIEN EMPLOYÉES

Souvenir d'un voyage en Orient

PAR

Madame H. D.

I

LE DÉPART

Il n'est pas donné à chacun de pouvoir voyager ; aux uns l'argent manque, aux autres le temps, d'autres encore, quoique riches et oisifs, n'éprouvent pas le désir de se déplacer. Chez les oiseaux, comme chez les habitants de la mer, quelques-uns sont, de leur nature, migrateurs ; on dirait qu'il en est de même chez les hommes ; tandis que les uns naissent voyageurs, les autres, comme les zoophytes, sont enchaînés à la même place, condamnés à mourir au lieu où ils ont vu le jour. Il n'est que juste que ceux qui ont le privilége de courir le monde racontent ce qu'ils ont vu et entendu dans leurs courses lointaines. Ils font ainsi naître chez les paresseux le désir d'aller voir de leurs yeux le beau et le merveilleux qui ne se déplacera jamais pour venir à eux, et ceux qui sont empêchés de faire des observations directes peuvent du moins profiter des expériences d'autrui. « Quiconque a beaucoup vu, peut avoir beaucoup retenu » dit La Fontaine. Hélas, on ne retient jamais assez ! Voici cependant quelques-uns de mes souvenirs :

A l'approche des vacances d'été de 1875, mon mari, comme d'habitude, se plaisait à faire des plans de voyage pour le mois d'août, mois que, depuis quinze ans, nous avons toujours consacré au noble plaisir de lire de nouvelles pages dans le grand livre de la nature. Il balançait entre la Russie et l'Egypte, presque entre le pôle Nord et l'Equateur. Nous nous décidâmes en faveur du Caire, malgré les chaleurs, malgré les bandits, qui étaient « sûrs, disait-on, de nous dévaliser et peut-être même de nous égorger en Grèce » et malgré le choléra que nos amis nous promettaient à notre retour à Smyrne, pour ne pas parler des quarantaines, etc.

Le frère de mon mari habite le Caire, en supporte bien les chaleurs, pourquoi ne les supporterions-nous pas ? Quant aux brigands, on peut en rencontrer partout, et le choléra voudra bien nous épargner. « Mon beau-frère nous attend, dit-il, ses portes ouvertes et ses volets fermés. » En route donc ! avant que les si, les car et les mais de nos amis nous gagnent et nous persuadent que nous ferions mieux de rester comme eux dans notre coquille.

Traversons rapidement la Suisse que nous connaissons déjà et le lac de Constance, semblable à une mer en miniature avec ses teintes sévères et ses petites vagues argentées. Laissons derrière nous la Bavière et sa capitale remplie d'objets d'art et de chopes de bière.

Arrêtons-nous un moment dans la pittoresque petite ville d'Inspruck. Entrons dans l'église des Franciscains pour admirer les fines sculptures de marbre blanc, bas-reliefs historiques qui entourent un grand sarcophage placé au milieu de l'église. C'est le tombeau de Maximilien I, gardé de deux côtés par vingt-huit gigantesques chevaliers, statues de bronze d'un effet imposant. Un autre monument intéressant se trouve dans la même église, c'est celui que l'empereur d'Autriche fit élever en 1834 « à l'homme mort pour sa patrie » à Andréas Hofer, que les Français fusillèrent comme insurgé en 1810. Les extrêmes se touchent ; on est « insurgé » pour les uns et « patriote » pour les autres.

Après avoir traversé le Brénner et les plaines du royaume lombardo-vénitien, notre train s'engage sur le pont qui unit Mestre à

Venise, et dans sa marche rapide il fait lever la tête au pêcheur matinal, qui de sa petite barque surveille son filet.

Lorsque, après une nuit passée en chemin de de fer, on se réveille aux premières lueurs de l'aurore, transporté au milieu des lagunes dont la surface ridée reflète les teintes variées du ciel, lorsque surtout on voit poindre dans le lointain les dômes et les flèches des églises de Venise, on voudrait avoir le talent de Canaletto pour rendre un pareil spectacle.

Mais la vapeur nous emporte et le 3 août, à cinq heures du matin, nous entrons dans la ville des doges. Nous connaissons cette ville de vieille date ; on prétend qu'il faut y avoir habité longtemps pour l'aimer. Pour des oiseaux de passage, comme nous, la première impression est mélancolique et ces gondoles en deuil, glissant silencieusement sur les eaux noires du Grand-Canal, font penser à la barque de Caron et aux rivages du Styx. Une de ces gondoles « omnibus » déposait à l'hôtel en même temps que nous un Anglais qui demandait poliment « une chambre sans moustiques ». L'hôte indigné, encore trop endormi pour comprendre une plaisanterie, répondit : « Il n'y en a point ». Voulait il dire point de moustiques, ou point de chambre sans moustiques, je ne sais ; toujours est-il que ces petits tyrans aériens nous ont épargnés cette fois, peut être en considération d'un précédent martyre, trois ans auparavant.

Après quelques heures de repos, nous faisons une courte visite à *l'Assomption* du Titien et à quelques autres chefs-d'œuvre et, quoique à regret, nous disons adieu à la reine de l'Adriatique.

Née dans un port de mer, je ne revois jamais sans un vif plaisir une forêt de mâts, comme celle que nous apercevons des fenêtres de notre hôtel à Trieste. Vis-à-vis de nous est ancré le « Saturno » qui, le 6 à minuit, nous emportera vers l'Egypte, car il est bien vrai, nous allons passer une se-

maine sur la terre des Pharaons et nous avons six jours de mer en perspective !

Trieste, la rivale de Venise, est, comme bien des ports de mer, une ville cosmopolite, sans cachet original, où l'on rencontre toutes les nationalités, où l'on entend toutes les langues.

Le 5, nous visitons « Miramar », petit bijou d'architecture, perché sur un rocher au bord de la mer, à une heure de Trieste. A l'intérieur de ce château, comme dans les splendides jardins qui l'entourent, tout respire un goût et en même temps un confort que l'on trouve rarement réunis dans les habitations princières, mais on est saisi de tristesse en voyant ce joli boudoir délaissé, ces grandes salles vides, en pensant comment l'ambition entraîna Maximilien et sa royale compagne loin de cette charmante retraite, pour aller trouver une tombe Mexique. Ambition, quelles folies tu nous fais faire et combien souvent nous payons cher la faiblesse de suivre tes perfides conseils !

Le lendemain, après avoir retenu à l'office du Lloyd nos places sur le « Saturno » nous examinons avec un intérêt bien légitime notre future maison flottante. Il en est du bateau comme de l'homme ; on ne peut connaître ses qualités et ses défauts qu'après les avoir éprouvés, on ne peut juger ni de l'un ni de l'autre lorsqu'il est au port, il faut le voir à l'œuvre pour savoir comment il supportera la tempête. Quel bruit et quelle vie autour d'un bâtiment qui se prépare à un long voyage ! Ses grues manœuvrent et la passerelle qui unit encore le bateau au rivage est encombrée d'allants et de venants.

Eloignons-nous pour revenir à une heure plus propice ; le Saturno ne lèvera l'ancre qu'à minuit, nous avons la journée devant nous.

Nous ne pouvons mieux l'employer qu'en visitant les superbes ateliers de construction du Lloyd autrichien, où l'on peut étudier tout ce qui a rapport à la fabrication des bateaux, depuis les plus petites nacelles, jusqu'aux grands navires de guerre. C'est au milieu du travail étourdissant de ces gigantesques ateliers que l'on peut se rendre compte de tout le génie et de toute la persévérante activité que l'homme a dû déployer pour conquérir l'empire des mers.

Après une longue visite à l'hôpital général de Trieste dont le directeur, le docteur B., nous fait les honneurs avec une amabilité charmante, après avoir joui de l'hospitalité de cet ami et passé dans sa famille une agréable soirée, il était temps de nous embarquer. Le docteur B. nous accompagne à bord ; nous restons encore longtemps assis sur le pont sous le plus beau ciel, où scintillent les plus brillantes étoiles et notre joie gagne si bien notre ami qu'il se mettrait volontiers en route avec nous.

Minuit approche, on lève l'ancre, nous n'avons que le temps de nous dire un rapide adieu, et déjà les premiers tours de l'hélice nous font comprendre que nous devons nous abandonner à l'élément perfide, et il ne nous reste qu'à espérer une heureuse traversée. C'est avec un grand intérêt et non sans une légère émotion que nous suivons les premières manœuvres.

Lentement notre vaisseau se sépare des bateaux qui l'environnent, les matelots sont à leur poste, le capitaine donne ses ordres, le pilote veille à son gouvernail et de toutes les embarcations dont nous nous éloignons, retentissent dans les langues les plus diverses les salutations et les souhaits de « bon voyage »! Nous restons sur le pont pour voir successivement disparaître les amis, les bateaux, les quais, que l'on ne reconnaît plus qu'à une longue traînée lumineuse, jusqu'à ce qu'enfin le phare seul nous indique encore le terre ferme.

Une obscurité profonde règne autour de nous, il est temps de faire connaissance avec nos cabines.

On dort rarement bien la première nuit dans ces petits lits, qui ne sont guère plus larges qu'un cercueil ; souvent on est rappe-

lé du pays des rêves à la réalité par le cliquetis des chaînes, le pas lourd des matelots, la voix du capitaine, la cloche de quart, ou par tous ces autres bruits plus ou moins lugubres auxquels les oreilles ne sont pas encore faites. Et voilà pour brocher sur le tout une pluie torrentielle ! Le Saturno se met à danser, décidément cela commence mal ! Qui aurait pu s'y attendre après le beau ciel étoilé que nous venons de quitter à Trieste ?

Le lendemain 7 août, le temps était beau, la mer calme et déjà nous avons fait un assez long trajet pour que toute trace des côtes ait disparu ; l'eau et le ciel forment tout l'horizon.

Nous ne sommes que neuf passagers aux premières, trois dames et six messieurs. Bientôt nous vivons comme en famille, on fait si vite connaissance sur mer ! Une charmante jeune fille, qui retournait avec sa mère à Alexandrie, leur ville natale, nous égaye beaucoup en nous parlant de son fiancé, et de la joie qu'elle se promet de le revoir après une séparation de trois mois.

Malheureusement il faut rester dans le salon pour jouir de son aimable société, parce qu'elle soigne son teint pour l'heureux mortel auquel elle a donné son cœur, déclarant franchement qu'elle craint le vent, le soleil et l'air de la mer. Nous autres, qui n'avons pas de fiancé guettant notre arrivée à Alexandrie, nous passons nos journées entières sous une tente dressée sur le pont, à lire, à causer, à fumer, à jouer aux dominos, à nous promener en admirant les teintes riches et variées de la mer, et à faire la sieste mollement bercés par les vagues de l'Adriatique.

Les repas, le déjeuner à midi et le dîner à 6 heures, sont naturellement les grands événements de la journée ; là, nous sommes toujours au grand complet, chacun y apportant bonne humeur et bon appétit. Le « log » qui nous indique la rapidité de notre marche excite l'intérêt général et nous admirons surtout la précision des appareils qui permettent de déterminer mathématiquement l'heure de midi et de «faire le point » chaque jour.

Tous les soirs nous assistons religieusement au coucher du soleil, le plus beau spectacle que l'on puisse voir ; on s'étonne seulement de ne pas entendre le sifflement du fer rouge, quand ce globe de feu se plonge dans la mer. La lune égaye nos soirées, elle croît et nous nous réjouissons de l'avoir pleine pour notre arrivée en Egypte. Et la nuit, quelle plus délicieuse distraction pourrait-on désirer que la contemplation des étoiles, dont le nombre semble augmenter à mesure qu'on marche vers le Sud. Dans les latitudes méridionales, la voie lactée mérite si bien son nom que l'on est tenté de se mettre à la recherche de la belle nourrice qui vient de passer par là.

L'avant du bateau est occupé par les voyageurs de troisième classe. Pour varier nos promenades, et pour contempler un pêle-mêle pittoresque qui vous donne un avant-goût de l'Orient, nous visitons leur établissement deux ou trois fois par jour. Nous y trouvons des Turcs en robe de chambre, les jambes croisées sur leurs vieux tapis fanés, fumant tranquillement leur chibouc, caressant de leurs regards paresseux tous les charmes de ce précieux compagnon de voyage. Ils ont en outre comme distraction la société de quelques jolies femmes aux types méridionaux Celles-ci, affublées de chiffons bigarrés plus brillants de couleurs que de propreté, ne demanderaient pas mieux que de jouir comme messieurs les Turcs d'un « dolce far niente », mais certains petits bambins vrais modèles de Murillo, les en empêchent, en réclamant les soins que la nature exige des mères. Ces pauvres femmes sont donc obligées de nourrir leur progéniture, ce qui se fait pour les bébés de la manière la plus élémentaire, tandis que les enfants plus émancipés s'aident de leur mieux en plongeant leurs dix doigts dans une gamelle commune. Les acteurs de ces jolies scènes de famille, avec lesquels nous regrettons de ne pouvoir nous en retenir

(grâce à la tour de Babel), nous regardent d'un air de mépris et semblent ne rien comprendre à nos pérégrinations continuelles et à nos visites répétées.

Après deux nuits et deux jours passés entre le ciel et l'eau, on voit avec satisfaction poindre la terre ferme et le 9, à notre réveil, nous sommes heureux d'entendre signaler les côtes de l'Albanie.

Depuis les fenêtres de la cabine nous voyons distinctement la terre, et grande est notre joie d'apprendre que nous sommes en face des côtes classiques de la Grèce. Nous montons promptement sur le pont et bientôt nous nous trouvons devant la ville de Corfon. Ces coteaux à teintes chaudes sortant de la mer et couronnés de fortifications sur lesquelles flotte le drapeau grec, ces maisons d'une blancheur éblouissante, coupées par les lignes rouges des toits et adossées dans un beau désordre au penchant des rochers, forment le plus charmant tableau. A notre arrivée, nombre de petits canots quittent le port. Bientôt notre bâtiment est entouré et nous voilà envahis par des marchands de fruits et de pâtes sucrées, et par de trapus Corfiotes nous offrant leurs services pour nous conduire à terre.

Le capitaine avait averti ceux qui voulaient visiter l'île de faire le prix d'avance pour le débarquement et pour l'embarquement, et de payer seulement au retour. « Ces gaillards-là, nous disait-il, sont tout prêts à vous conduire à terre, mais au moment où il s'agit de revenir il ne s'en trouve plus un. » Alors, désespéré, on cherche partout des bateliers et on est réduit à accepter leurs conditions, 20 fr. par tête quelquefois ! Nous étions quatre voyageurs désireux de descendre ; l'un de nous, un jeune Grec, parlementa avec ses compatriotes, ce qui réussit fort bien. Pour entrer en ville, il fallait passer par le marché, où tout en achetant de belles oranges encore attachées aux branches et de longs melons jaunes, tout en examinant l'exposition des poissons, parmi lesquels il y avait grand nombre de petits requins. excellente friture, à ce qu'on dit. nous avons pu étudier le type des indigènes. Les Vénus et les Apollons sont rares à Corfou, comme partout aujourd'hui ; toutefois les Corfiottes ne sont pas laids. Les fustanelles n'y sont pas de mode ; l'homme du peuple s'habille d'un court pantalon bouffant et d'une chemise ouverte à la poitrine, va jambes et pieds nus et se couvre la tête d'un bonnet rouge.

Les rues sont étroites, mal pavées, sales et sombres, bordées de misérables petites boutiques d'où s'exhalent des odeurs diverses plus ou moins agréables. et où l'on vend des fritures de poissons, du café, du tabac, des sucreries, des liqueurs. de la bimbeloterie et toutes ces petites parures dont les femmes aiment à se parer. Les enseignes grecques des hôtels et des boutiques et les noms des rues sont la meilleure. preuve que nous sommes véritablement sur le sol hellénique. Ici nous lisons Ὁδὸς τοῦ Ἑρμοῦ, là Ξενοδοχεῖον τῆς Ἑλλάδος ; Ἀποθήκη τῶν οἴνων καὶ πότων, etc., et un de nos amis qui revient des Iles Ioniennes nous raconte qu'aujourd'hui l'on peut loger au Ξενοδοχεῖον Γαμβέττα. (Hôtel Gambetta.)

Les pancartes des dentistes, qui abondent à Corfou (nous en avons compté six dans une seule petite rue), sont pour moi les seules compréhensibles, parce qu'elles montrent l'artiste à l'œuvre, arrachant à sa victime une grosse dent, et quelquefois on trouve suspendu à la porte tout un chapelet de dents gâtées !

Nous rencontrons un grand nombre de prêtres, au type plutôt juif que grec ; ils ont tous une longue barbe ; de longs cheveux bouclés tombent sur leurs épaules, ils portent une soutane et un haut bonnet carré.

Assistons pour un moment à la messe dans la cathédrale de Saint-Spiridion, patron de la ville. Quelle profusion d'or et d'argent, de cierges et d'images byzantines, de ces vierges noires, enchâssées dans des cadres dont la riche. dorure ne laisse voir que la tête et les mains : l'iconostase , vaste écran triptyque d'argent doré repoussé, qui, placé derrière l'autel, ferme aux fidèles la vue du chœur, donne aux églises grecques un caractère d'une grandeur particulière, surtout lorsque, dans les jours de fêtes, les reflets des cierges allumés y sont mille fois répétés.

La foule est compacte ; le pope qui officie a une belle tête, une voix sonore et les fidèles se joignent à lui avec ferveur pour chanter la liturgie grecque. Mais la ventilation laisse quelque peu à désirer. Allons respirer l'air plus pur de l'esplanade , grande et belle place entourée de tamarix, rendez-vous des cigales qui font un vacarme insolent malgré l'ardeur tropicale du soleil. C'est sur cette place que le lord Haut-commissaire de l'Angleterre, avait jadis sa demeure dans un beau bâtiment bien digne d'un si important fonctionnaire. Nous faisons halte sous la vérandah d'un café pour prendre une tasse de moka et pour feuilleter les journaux du pays. Mon mari voit avec plaisir qu'il les comprend facilement, mais il peste contre la prononciation du grec ancien que l'on enseigne dans nos lycées. En effet, la langue grecque a moins varié en 2000 ans que le français en 5 siècles et il est assez triste, lorsqu'on possède une langue, de ne pouvoir en parler un traître mot. Nous constatons que *tous* les Grecs ne méritent pas leur réputation de voleurs, car nos quatre tasses de café avec des biscuits n'ont pas coûté une drachme (un franc).

Il y a sur l'esplanade des lampes à gaz assez originales. deux canons de marine abandonnés par les Anglais, dont la culasse est plantée en terre et qui servent de socle aux candélabres. Quand viendra le moment où, dans le monde entier, on emploiera les canons à un usage aussi pacifique ; quand s'en servira-t-on pour éclairer l'humanité ?

Les corfiottes n'appréciaient pas beaucoup les Anglais lorsque ceux-ci étaient les protecteurs de leur île, mais maintenant qu'ils sont partis on les regrette, car on se rend

— 6 —

compte du mouvement qu'ils apportaient dans le commerce et de leur bonne administration. Il en est souvent ainsi dans la vie ; on n'apprécie son bonheur que lorsqu'on l'a perdu. A notre retour sur le bateau, nos compagnons de voyage furent bien aises de partager avec nous notre provision de fruits. La jeune demoiselle, désolée de voir mon teint, qui, malgré mon parapluie, avait souffert de nos courses, m'offrit très-amicalement un peu de lait virginal pour le rafraîchir. Plus tard, elle poussa la générosité jusqu'à m'en donner la recette, que je mets à la disposition de mes amies, car j'en ai trouvé l'emploi fort efficace. (1)

Toute la journée du 9 notre bateau glisse notre les îles de la Grèce. Comme dans un panorama, ces îles arides se montrent tour à tour rompant un moment la monotonie de l'horizon pour s'évanouir ensuite dans le lointain. On ne dit adieu à l'une que pour en voir surgir une autre.

Les Messieurs versés dans les classiques n'ont pas manqué l'occasion de faire valoir très à propos leurs souvenirs. L'histoire et la mythologie grecques ont bien leurs charmes et un rocher devient certainement, si non plus beau, au moins plus intéressant si l'on nous assure que c'est justement celui, d'où la pauvre Sapho, dans son désespoir ; s'est précipitée dans la mer. Je me laissais volontiers rafraîchir mes souvenirs de l'histoire d'Ulysse en passant devant son ancien royaume d'Ithaque, et je me figurais sa fidèle épouse assise sur une de ces montagnes escarpées, cherchant des yeux la barque qui se faisait si longtemps attendre. Il y avait déjà du temps d'Homère de bons raisins, que les prétendants de la chaste Pénélope trouvèrent fort de leur goût ; le capitaine nous apprend que l'île d'Ithaque en produit encore une grande quantité. Quelques moulins

____

(1) — Eau de roses 150 grammes, borax, teinture de benjoin de chaque 5 grammes.

à vents à six ailes tournent gaiement sur ses collines, d'où l'on peut conclure qu'il y a aussi du grain à moudre.

Céphalonie, la plus grande des îles Ioniennes paraît à son tour. Le jour est à son déclin et Zante ne se révèle à nous que par mille petites lumières qui indiquent la position de sa capitale.

Le 10, à l'aube, on devine les côtes du Péloponèse jusqu'au cap Matapan ; bientôt dans un vaporeux lointain, nous apercevons Cerigo, l'ancienne Cythère, le paradis de l'Amour, et vers le soir apparaît l'immense île de Candie qui reste en vue toute la matinée du lendemain.

Malgré les égards de Neptune, que notre bateau seul semble vouloir déranger dans son doux sommeil, en se frayant un chemin à travers son lit d'azur, malgré le calme le plus parfait, nous n'avançons que lentement et ne parcourons que sept à huit milles à l'heure au lieu de onze à douze que le Saturno est censé faire. Cela provient du mauvais charbon que la compagnie du Lloyd a trouvé bon de nous fournir. Mieux vaut cette raison que celle du mauvais temps !

Certains messieurs murmurent un peu et la fiancée menace le capitaine de lui faire payer une gelée au marasquin s'il faut encore dîner à bord le 12.

Quelques mauvaises langues insinuent que le retard provient d'une petite colonie de prêtres, qui se trouvent aux secondes places, « Les corbeaux, disent-ils, sont des oiseaux de mauvais augure. »

II

L'ARRIVEE

Enfin le temps passe, même assez agréablement et le 12 au matin, on fait toilette pour arriver à Alexandrie. Mais à déjeuner, le capitaine nous informe que non seulement nous dînerons ensemble mais que probablement nous passerons encore la nuit sur le bateau. Cette nouvelle indigne les passagers et provoque une petite révolution qui n'altère nullement la figure joyeuse du capitaine.

A partir de 3 heures de l'après-midi, mon mari, à qui dame nature n'a pas prodigué une certaine vertu que l'on appelle la patience, s'installe sur le pont de quart, braque sa longue-vue du côté de l'Afrique et lorsqu'il discerne à l'horizon un petit point blanc qu'on déclare être le phare d'Alexandrie, sa joie égale celle de Colomb, s'écriant : « terre ! terre ! » La nouvelle fait le tour du bateau comme un choc électrique; un sourire illumine toutes les figures. C'est le moment du dîner et, au dessert, on mange la gelée au marasquin, arrosée de vin de Chypre pour porter la santé de notre bon vieux capitaine Léva. Aussitôt après, nous remontons sur le pont, et chacun regarde à son tour par le télescope ce point blanc qui, décidément, devient un phare. La fiancée jubile, mon mari se frotte les mains, chacun témoigne sa joie à sa façon.

Mais il est déjà 7 1/2 heures; il faut hâter la marche du bateau en chauffant à toute vapeur, pour approcher du port avant le coucher du soleil ; sans cela, le pilote ne pourrait plus sortir d'Alexandrie pour nous guider à travers les récifs. Bientôt le phare est visible à l'œil nu, et, à côté de lui, une longue ligne blanche, les palais du Vice-Roi, puis les mâts des vaisseaux ancrés dans le port se dessinent sur le ciel.

Au moment où le soleil touche l'eau on annonce la petite barque tant désirée. Nous sommes sauvés ! nous coucherons ce soir à Alexandrie !

Vite on descend dans les cabines pour fermer les malles, personne n'est fâché de dire adieu à sa cellule. Hâtons-nous de regagner le pont pour assister à l'arrivée du pilote.

Le droit de guider les vaisseaux à l'entrée du port d'Alexandrie est, depuis nombre d'années, le privilége de certaines familles arabes qui n'ont pas vu de bon œil la récente décision prise à la demande de l'Angleterre de faire sauter ces rochers, gênants pour la navigation et dont la présence a même causé de graves accidents.

On distingue trois hommes dans la barque qui s'approche de nous; le « Saturno » ralentit sa marche et bientôt les bateaux se touchent. Le pilote, un vieux marin, au teint basané, la tête entourée d'un grand turban blanc, le corps drapé dans le gracieux costume arabe, escalade le pont, serre la main du capitaine et prend la direction de notre bateau.

Les deux autres matelots attachent leur barque au navire et se laissent remorquer. Hélas ! pauvre gens, la corde n'était pas solide, au bout de cinq minutes elle se rompt avec fracas et les voilà obligés de rentrer péniblement à la voile. Quant à nous, nous avançons lentement entre les bouées, ces charitables signaux que l'on n'évite jamais sans éprouver un sentiment de vive reconnaissance. L'eau du Nil se mêle déjà à l'eau de la mer et à mesure que nous approchons de la terre, la belle couleur indigo de la haute mer fait place à des teintes plus grises.

A peine l'ancre est-elle jetée qu'une multitude de petits bateaux s'approchent de nous, s'avançant comme des pygmées pour prendre d'assaut un géant. Déjà à distance, on s'appelle de tous côtés, les amis crient les noms de ceux qu'ils viennent réclamer et que la pâle lumière de la lune permet seule de reconnaître. Chaque passager prête l'oreille espérant entendre son nom. L'imagination, excitée par le désir, nous trompe plus d'une fois ; l'eau ne nous sépare plus de nos envahisseurs. En un clin d'œil, notre bateau est assailli et nous voilà bousculés par une foule d'Arabes et de Turcs, qui, dans une infinité de langues et avec une brusquerie peu engageante, nous offrent leurs services pour nous conduire à terre. Le fiancé retrouve sa fiancée, le mari sa femme, le père son fils; chacun rencontre quelque parent ou quelque ami, nous seuls, nous cherchons en vain

Un peu désappointés, nous nous décidons à suivre nos bagages, déjà confiés à un Arabe, lorsqu'enfin nous entendons retentir notre nom et nous voyons une figure amie. M. P., aimable connaissance, faite en Suisse trois ans auparavant, nous souhaite la bienvenue sur la terre des Pharaons et nous présente M. T. Bey, ami de notre frère et chargé par celui-ci de nous assister dans ce moment toujours difficile du débarquement.

Descendre dans leur bateau à huit rameurs, passer à la douane pour retirer nos bagages et monter dans une belle voiture qui nous attendait, c'était tout plaisir, aidés comme nous l'étions par ces deux messieurs. « Souk »! (Allez!) Le cocher fouette ses chevaux et nous traversons au grand galop les vieilles rues du faubourg d'Alexandrie. Ne vous figurez pas notre cocher en chapeau noir et en redingote, c'es un bel Arabe coiffé d'un majestueux turban et tout de blanc habillé. Les rues que nous traversons ne gagnent rien, dit-on, à être vues de jour; elles sont étroites et sales. L'obscurité jette un voile discret sur les détails désagréables, laissant à la lune et à de petites lampes fumeuses pendues devant les boutiques le soin d'éclairer à notre intention de ravissants tableaux de genre, formés par des groupes d'Arabes, fumant, causant et gesticulant devant la porte de leurs demeures.

M. T. Bey, en nous saluant de la part de notre frère, nous explique pourquoi ce dernier n'est pas venu lui-même nous délivrer des mains des Philistins. Il y a deux jours dit-il, le vice-roi a fait venir T. Bey à Alexandrie pour lui parler d'affaires. C'est bien, pensa celui-ci j'y resterai maintenant jusqu'à l'arrivée de mon frère et de ma belle-sœur « Vous savez que vous retournez ce soir au Caire, lui dit le Khédive en le congédiant après l'audience » Le bey s'inclina, reprit le train et partit. — Dans ce pays nouveau où, hélas ! nous n'avons, d'après nos plans que huit jours à passer, il ne s'agit pas, comme on dit vulgairement, de mettre deux pieds dans un soulier. Hâtons-nous donc de visiter Alexandrie ce soir même, car demain à 8 heures nous partons pour le Caire.

En parcourant ainsi à tire-d'aile un pays étranger, on en emporte des impressions fausses quelquefois et qu'un long séjour corrigerait peut-être, mais en racontant ce voyage je n'ai d'autre intention que de décrire nos appréciations personnelles et ce que nous avons vu à vol d'oiseau.

Alexandrie, par ses belles constructions modernes, ses grandes places, ses larges rues, est presque une ville européenne. Mais quand on longe le canal bordé de superbes palmiers, lorsque devant les riches palais on voit des sentinelles à figure noire et en costume arabe, on commence à reconnaître que l'on est vraiment sous un autre ciel.

Au bord de la mer, entourée de vieilles baraques disloquées se dresse l'aiguille de Cléopâtre, élégant obélisque couvert d'hiéroglyphes et dont le nom nous est familier depuis notre enfance. A côté de celui-ci un autre est couché dans le sable: c'est un cadeau que Méhémet-Ali a fait à l'Angleterre et qui attend depuis vingt ans que les fils d'Albion viennent le chercher.

(C'est cet obélisque qui vient d'être transporté à Londres et dont tous les journaux ont raconté l'odyssée.)

Heureusement une lune splendide nous éclaire; sans cela, nous n'oserions pas nous aventurer hors de la ville, sur une route confiée un peu trop aux bons soins de la nature, et où les ressorts de notre équipage sont mis à une rude épreuve. Mais il faut passer par là si l'on veut voir la colonne de Pompée, un des rares monuments qui rappellent la domination des Romains et la splendeur de l'ancienne Alexandrie.

Ce monolithe de granit rouge, d'ordre corinthien et mesurant 68 pieds de haut sur 8 pieds de diamètre, s'élève au bord d'une plaine sablonneuse dans une solitude lugubre Les noms des malheureux soldats de Napoléon I tombés lors de l'invasion du 2 juillet 1798 sont gravés sur cette colonne ; nous marchons sur le sol qui recouvre leurs restes. De retour en ville à minuit, nous passons un quart d'heure dans un café fashionnable, bâti sur pilotis au bord de la mer, où, tout en écoutant un orchestre féminin, accompagné du bruit plaintif des vagues, nous dégustons du café égyptien et pour faire à Rome comme font les Romains, nous essayons de fumer un narghilé.

Nous rentrons à l'hôtel ; Alexandrie dort, même les sentinelles, de vigoureux Arabes, leurs fusils à la main, étendus à plat ventre sur les trottoirs devant les banques et les grands magasins de la ville. On craint de marcher sur eux, et sûrement il ne ferait pas bon les réveiller !

Le lendemain, en ouvrant nos fenêtres, nous nous serions crus en plein carnaval et nous avons hâte de descendre pour assister de plus près à cette scène animée. Quelle vie dans les rues ! quel va-et-vient de gens en mascarade ! que c'est curieux de voir pour la première fois les femmes égyptiennes ! De dos, ce sont des paquets noirs, et de face ce n'est guère autre chose, sauf que l'on voit quelquefois briller deux yeux. Les femmes des classes aisées portent un cache-tout en soie noire « le habara », vêtement sans couture qui les couvre des pieds à la tête et dont la longueur permet d'en baisser une partie sur la figure ou de la relever à volonté. Le habara de la femme pauvre est en coton bleu et blanc quadrillé, à larges bords bleu foncé. Elles ont toutes un cache-nez dans le sens littéral du mot ; comment appeler autrement une longue et étroite pièce de mousseline blanche ou d'un bleu noir, qui, posée sous les yeux et attachée derrière la tête, tombe presque à mi-jambes ? Le front est également caché par une bande de mousseline de même couleur. Certaines villageoises, pour mieux dissimuler leurs traits, portent sur le nez

un tube en filigrane d'or, long de sept à huit centimètres. Ces femmes, ainsi empaquetées, et dont la beauté reste une énigme, circulent à pied ou à âne, vendent des fruits, font leur marché, babillent, discutent, rient, crient et mangent derrière ces affreux masques. Ici et là, on surprend une paysanne, la figure découverte, les mœurs moins sévères de son village ne l'obligeant pas à la cacher ; mais à l'approche d'un étranger elle se voile rapidement la bouche, que la pudeur égyptienne lui défend surtout de laisser voir. Les fillettes peuvent respirer librement jusqu'à douze à treize ans ; arrivées à cet âge, elles sont heureuses de subir ces vêtements étouffants, tout comme nos enfants sont fières de leur première robe longue.

Dans les rues, le nombre des personnes du beau sexe est relativement très-petit, la femme en Orient étant plus qu'ailleurs, que l'on me pardonne l'expression, un meuble de ménage. Si, dans nos villes européennes, les hommes se distinguent par une certaine uniformité dans leur toilette et les femmes par une grande variété de costumes, dont la coupe et la couleur sont plus ou moins circonscrites par le tyran que nous appelons « la mode », c'est justement le contraire en Egypte. Ici la femme n'a du moins pas le souci de sa toilette de ville, elle porte toujours la même ; ce n'est que chez elle qu'elle peut faire parade de ses richesses, tandis que l'homme a un choix de costumes des plus variés ; il sort tout bonnement en chemise et en turban, en robe de chambre et en pantoufles, il se couvre de belles étoffes galonnés, brodées et ornées de passementeries surtoutes les coutures ; il y en a même qui se promènent dans un habit noir à l'européenne, par-dessus leur longue chemise blanche, un tarbouch sur la tête et chaussés de babouches jaunes.

Dans nos pays, on les croirait fous, mais dans ce royaume des pantoufles et des robes de chambre, on ne s'étonne pas de ce déshabillé.

Chacun fait tableau à part et on comprend que cette variété de types et de costumes ait fait le bonheur de plus d'un artiste. Nous avons de la peine à nous arracher à cette scène si nouvelle pour nous, mais en allant d'Alexandrie au Caire, nous aurons une suite qui vaut bien ce que nous quittons à regret, car nous sommes à l'époque de la foire de Tanta. — Tanta, la troisième ville d'Egypte est située à égale distance entre Alexandrie et le Caire. Toutes les années il y a en même temps pélérinage et foire, but religieux et commercial très-sagement réuni ; les pélerins-marchands ou marchands-pèlerins arrivent en foule de tous les pays : Egyptiens, Nubiens, Abyssins, Arméniens, Persans, Turcs et Juifs, tous y concourent et on dit que comme partout ailleurs les Anglais n'y manquent pas. Je n'en ai point vu, je n'avais d'yeux que pour les Orientaux qui cheminaient en caravanes non interrompues sur une petite route en talus de l'autre côté du canal que longe le chemin de fer.

Le train que nous avons dû prendre, composé de voitures anglaises, était un omnibus, qui met six heures pour parcourir le trajet que l'express fait en quatre ; mais heureusement cela nous laisse le temps d'examiner à loisir les jolis tableaux vivants, qui, comme dans une lanterne magique, défilent devant nos yeux.

Celui qui se répète le plus souvent est une représentation toute biblique de la fuite en Egypte ; c'est une femme enveloppée dans son habara, assise sur son âne, son enfant dans les bras ; le père marche en avant, s'appuyant sur un bâton deux fois plus long que lui, les pieds nus, ou en sandales, un turban sur la tête et drapé dans sa couverture arabe. Des chameaux isolés ou en longue file avancent gravement sur cette route étroite, parallèle à la nôtre. Sur quelques-uns est perchée une tente, à l'ombre de laquelle toute une famille voyage, lentement bercée par le mouvement de l'animal. Ici est là un vénérable patriarche, harassée de fatigue,

s'accroche à la queue de la pauvre bête et se laisse tranquillement remorquer. A toutes les stations, dont je m'amuse à lire les noms, car on a eu l'aimable attention de les écrire aussi en caractères latins, il y a une foule d'indigènes aux costumes bariolés, aux turbans jaunes, blancs ou verts. Les nègres aux belles dents blanches nous tendent leurs marchandises : des galettes, des poulets froids, ou du maïs rôti, et même des brosses à dents sous la forme primitive de petits bâtons de bois, dont je m'empresse de faire emplette.

Les femmes fellahs, se voilant gracieusement, s'approchent des wagons pour nous présenter leurs gargoulettes, carafons en terre poreuse d'un usage habituel en Egypte pour rafraîchir l'eau. Il faut toutefois un certain courage pour porter à sa bouche cet ustensile tout chaud de l'empreinte des lèvres du premier venu, musulman, juif ou chrétien !

Qui ne connaît, du moins d'après une peinture, le gracieux costume des femmes fellahs ? Rien de plus réaliste et de p'us poétique en même temps !

La taille svelte d'une jeune fellahine se dessine à ravir sous les plis légers d'une sombre chemise en percale bleue, agrafée au cou, qui laisse visible la gorge et tombe à mi-jambe. Les larges manches s'arrêtent aux coudes, et un long voile d'un bleu aussi foncé que la chemise, attaché sur la tête, retombe en arrière jusqu'à la cheville. Les enfants oublient quelquefois de mettre leur chemise, mais les fillettes ne manquent jamais de se tatouer en bleu le menton, de se rougir les ongles des mains et des pieds avec du henné et portent au cou, aux bras, aux chevilles et aux oreilles autant de verroteries et de bijoux que possible.

Quel bourdonnement et quelle vivacité de paroles ! On m'avait dit les Orientaux graves et silencieux ; ceux-ci font autant de bruit que nos paysans en feraient un jour de comice agricole. Seulement, et c'est là une

grande différence, on ne voit pas un ivrogne !
Ce peuple est gracieux, sans rien de vulgaire. On se dit bien des injures, quelquefois
on se menace du bâton, mais rarement on en
vient à une querelle sérieuse. Les mouvements, comme l'expression de la figure, restent nobles, et le voyageur pardonne quelques mauvais sentiments pour l'amour du
pittoresque. Des plantations de riz, de sucre
et de coton couvrent de grandes étendues de
terrain entre-coupées de petites forêts de
dattiers qui relèvent la monotonie du paysage
et font la richesse du pays. Tous ces champs
sont soigneusement cultivés et arrosés par
l'eau du canal, que des buffles aux yeux ban-
dés font couler dans les rigoles au moyen
de manéges.

Les villages fellahs ressemblent à une ag-
glommération de ruches d'abeilles déposées
sur le sol, ou à un tas de grands bols de terre
grise renversés, dans lesquels on aurait fait
un trou plus ou moins carré pour ajuster
une porte. Un second trou sert de cheminée ;
il ne faut donc pas beaucoup de science, ni
beaucoup d'argent, pour construire une pareille habitation. Le limon est à la portée
de tous, la porte seule a du prix et lorsqu'un
fellah déménage, il a vite fait d'emporter
avec lui ce meuble précieux.

Plusieurs de ces demeures primitives sont
entourées de roseaux et de cactus dans toute
leur splendeur, chargés de fruits, de ces figues de Barbarie couvertes de petits piquants
imperceptibles, mais que l'on n'oublie pas
après y avoir porté la main. Devant ces huttes, les villageois se groupent nus ou presque
nus, pour voir passer le train. Les bébés
montés à califourchon sur l'épaule de leur
mère laissent pendre leurs maigres petites
jambes, oruées à la cheville d'un bracelet
antique.

Si ces villages sont facilement construits,
le revers de la médaille est leur fragilité,
témoin le grand nombre de ruines qui jon-
chent la terre. Près de chaque hameau se
trouve le cimetière, amas de grossiers tumulus, de méchantes pierres déposées pêle-
mêle sans aucune trace de verdure, sans le
plus petit arbrisseau.

Nous voici à Abou Hommos, la seconde
station seulement depuis Alexandrie, mais avec
tant de distractions, le temps ne nous paraît
pas long. Deux dames descendent à la gare ;
nous les avions vus, entrer à Alexandrie. Elles
ont voyagé soigneusement enfermées dans
un wagon pour « dames seules », dont les
fenêtres sont couvertes de treillis de bois pour
empêcher les regards masculins. Un gros
pacha, leur mari, les surveille à distance,
mais l'étiquette lui défend de leur adresser
la parole en public. Un eunuque s'occupe
d'elles. Cet être, qui ressemble autant à un
gorille qu'à un homme, aide ces dames à marcher en les soutenant sous les bras, l'une parce
qu'elle est aveugle (on le voit à ses tâtonne-
ments), l'autre parce qu'elle se rend aveugle
en se couvrant la face de son habara. Traverser les rudes pierres du perron n'est certes pas chose facile pour elles, perchées
comme elles le sont sur des talons Louis XV,
ajustées à de petites pantoufles de satin gris-
perle. Et, honni soit qui mal y pense ! j'a-
joute qu'à juger d'après leurs bas ridés, re-
tombant sur la cheville, elles ne connaissent
pas encore un certain petit article de toilette
que des chevaliers en Angleterre ne craignent pas de porter comme ornement.

Le train se met de nouveau en marche et
nous assistons à un bain de buffles et de nègres, pris en communauté dans l'eau bour-
beuses du canal. Hommes et bêtes sortent
leur grosse tête noire, et ont l'air de séjour-
ner avec délices dans ce liquide d'un brun
rougeâtre. — Les caravanes continuent leur
voyage à deux pas de nous, la procession ne
finit pas.

Damantour est la troisième station, et
à Ichel-Baroud, la quatrième, un troupeau
d'ânes attendent leurs maîtres à l'ombre de
quelques sycomores, avec cette patience qui
distingue chez nous maître Aliboron. Enfin
nous approchons du Nil ; voilà des barques

— 12 —

qui descendent le canal pour aller rejoindre
le fleuve. Le train est maintenant en plein
sable. Il s'arrête un instant pour avertir de
notre approche le garde, chargé de surveiller
le grand pont mobile qui traverse le Nil ;
le signal est donné, nous passons le fleuve,
large environ d'un kilomètre, et nous voici
arrivés à Tanta.

Les alentours de cette ville sont couverts
d'innombrables tentes ; la foule qui se presse
à la gare est plus considérable que jamais,
le bruit aussi va crescendo et au milieu de
cette forêt de turbans et de torbouchs accu-
mulés sur le perron, quelle surprise, quelle
joie de voir paraître la chère figure de notre
frère et d'entendre son bonjour amical ! Il
ne pouvait pas nous attendre à Alexandrie,
mais il est venu à notre rencontre jusqu'à
Tanta.

Tout en poursuivant nos observations
depuis les fenêtres, nous causons des chers
parents, des enfants, des amis si loin de
nous, mais le plaisir de nous trouver à nous
trois en Egypte domine tous les autres sentiments.

III

LE CAIRE

Lorsque nous exposons nos plans pour le
reste du voyage, mon beau-père s'écrie :
« Comment ! six jours au Caire ? mais ce n'est
pas possible, allons donc ! » Quand le vin est
tiré, il faut le boire, et quand les plans sont
faits, il faut les exécuter, » voilà les princi-
pes de beaucoup de voyageurs, et mon mari
est de ce nombre. « Soit, dit enfin notre
frère en nous voyant inébranlables, il s'agit
de bouger, nous ferons le Caire en six jours,
mais c'est une folie ! ! »

Abdou, son valet de chambre syrien, nous
attend à la gare. Il est splendide ce garçon,
avec ses larges pantalons bouffants en soie
rouge foncé, serrés à la cheville, ses pantoufles écarlates, son gilet rayé jaune et
rouge, parsemé d'une profusion de petits bou-

tons, sa veste noire, en satin laine à manches étoites, et sa riante figure olive cou-
ronnée d'un grand turban blanc roulé autour
de son tarbouch.

Il nous montre une rangée de dents superbes, en nous saluant à la mode de son
pays, et après nous avoir aidé à monter dans
la voiture, il prend place à côté du cocher.
Ce dernier, Mahmoud, n'excite pas autant
mon admiration ; sa figure est maussade et
ses grosses lèvres, son nez épâté annoncent
clairement le sang nègre qui coule dans ses
veines. Au bout de cinq minutes, nous
sommes chez notre hôte, dans un appartement admirablement arrangé pour un climat
méridional, c'est-à-dire composé de grandes
chambres très-hautes, ne renfermant aucun
meuble superflu, qui remplirait l'espace aux
dépens de l'air. Les portes sont ouvertes et
les volets fermés, comme il nous l'avait an-
noncé.

Après un repas, pendant lequel Abdou, en
nous servant, me donne des distractions,
dont il devine la cause, nous voici de nouveau en voiture, le Saïs cette fois à côté du
cocher. Celui qui porte ce nom arabe est un
coureur, domestique indispensable au Caire
dans un riche ménage.

Les pachas en ont deux ou trois de rechange, et celui à qui ses moyens ne permettent pas d'entretenir un saïs particulier,
en trouve à louer à la course ou à la
journée. Ces hommes, dont le service consiste à courir devant les chevaux, pour débarrasser la route de tout obstacle, sont bien
bâtis, la poitrine large, les muscles de fer et
rappellent les antiques statues de bronze du
musée de Naples. Leur costume est très-élé-
gant ; ils ont sur la tête le tarbouch, bonnet
rouge à long et épais flocon de soie noire ou
bleue, coiffure de tous les Egyptiens, depuis
le Vice-Roi jusqu'au moindre de ses sujets.
Un gilet rouge richement soutaché, agrémenté
de broderies d'or et fermé jusqu'au cou, est
serré à la taille par un large châle de soie
rayée. Un pantalon de coton blanc, qui ne

descend qu'aux genoux, laisse les jambes et les pieds nus. Mais ce qui donne surtout de l'élégance au costume, c'est un vêtement de coton blanc, dont les manches très-amples s'ouvrent comme des ailes au vent lorsque le saïs, lancé à la course, semble plutôt voler que courir. Dans les rues étroites du Caire, la circulation serait dangereuse sans ces coureurs, qui, une longue canne à la main, écartent le public ; mais dans les routes modernes, ainsi que dans les belles allées qui environnent la ville, c'est un luxe qu'on aurait déjà supprimé, n'était la puissance de la mode, et, disons le, une mode charmante ! Après quatre heures de course au grand trot, le saïs s'arrête aussi peu haletant que nous le serions après une promenade un peu rapide. Tel est l'effet de l'habitude !

Nous récoltons ces informations sur les Saïs en traversant les rues qui conduisent à l'Esbékieh, ancienne forêt au centre du Caire, transformée il y a peu d'années en grand jardin public, entouré d'hôtels et de maisons luxueuses. Aujourd'hui une centaine de petites filles égyptiennes de 7 à 10 ans, s'y promènent sous les ombrages. Ce sont les « petites » de l'école que mon beau-frère a fondée en 1874 sous les auspices du Khédive et sous le patronage d'une de ses royales épouses.

« Allons voir ce que font mes fillettes, nous dit-il, et en même temps vous verrez l'Esbékieh. C'est un grand progrès de pouvoir laisser promener ces enfants dans un jardin public ; nous verrons si elles s'y plaisent; demain, je vous mènerai visiter l'école. » A peine notre voiture est-elle visible à travers la grande porte du jardin qu'un signal avertit de notre arrivée les servantes chargées de la surveillance et qui, vêtues des pieds à la tête d'un léger drap de coton blanc, circulent au milieu de leur troupeau comme autant de revenants.

Elles rassemblent rapidement les enfants dispersées dans le jardin, et à notre arrivée, les voilà toutes dans une toilette uniforme et rangées comme un bataillon, les bras croisés sur la poitrine et les yeux baissés à terre. L'inspecteur leur dit quelques mots en arabe, plusieurs accourent lui baiser les mains ; d'autres l'entourent et lèvent sur lui comme sur un ami leurs beaux yeux noirs. On les disperse bientôt et le beau jardin de l'Esbékieh résonne de nouveau du bruit joyeux des voix enfantines ; les groupes se reforment à l'ombre des bananiers à larges feuilles, des larges sycomores et d'autres arbres majestueux, extraordinairement verts pour la saison et parmi lesquels nous remarquons un magnifique baobab.

Montons maintenant à la citadelle. Les rues par lesquelles nous passons sont étroites, sinueuses, pavées à la diable, sales et poudreuses; malgré cela, ou à cause de cela peut-être, elles ont un charme tout particulier. Elles sont bordées de maisons plus ou moins en ruines, qui ne tiennent aucun compte de l'alignement et dont le bas est occupé par les boutiques des marchands de tabac, de fruits, de pain, de boissons rafraîchissantes, de bijoux, etc.

Les *moucharabiéhs*, treillages de bois de cèdre, qui, en guise de fenêtres, avancent sur la façade des maisons, comme de petites tourelles du moyen-âge, sont de véritables chefs-d'œuvre de menuiserie, que ni le temps ni les vers n'épargnent et qui menacent de tomber sur les passants. En attendant, les femmes peuvent se cacher derrière ces jalousies perfides et sont aux premières loges pour surveiller le mouvement de la rue.

Ici, un pan de mur et un monceau de pierres indiquent la chute d'une maison; à la vue de tant de décombres on se demande si la ville ne vient pas de subir un bombardement. Là, c'est l'entrée d'une mosquée, à la porte de laquelle les fidèles ont laissé un amas de babouches de toutes nuances. Plus loin, c'est une cour où un *fiqui* (maître d'école), sa longue branche de palmier à la main, fait réciter le Coran à un cercle de gamins, assis comme lui par terre et se balançant en cadence sur les hanches. Voici un barbier, gravement occupé à raser la tête de son client, tandis que son apprenti tient d'une main l'écuelle de cuivre contenant l'eau et le savon, et de l'autre un petit miroir, dans lequel le patient surveille l'opération.

Des hommes, groupés en cercles, assis sur leurs talons à la manière des singes, causent entre eux et se retirent à peine à l'approche d'une voiture.

Les marchands d'eau font sonner leurs belles tasses de cuivre ou de bronze et servent à boire d'un grand vase à long goulot ou d'une peau de bouc suspendue sur leur dos. Si ces tasses ont fait avec eux le voyage de la Mecque, l'heureux propriétaire ne s'en séparerait pas pour tout l'or du monde. Au milieu de ces rues, d'une irrégularité si pittoresque, circulent de maigres fellahs, de majestueux Arabes, de gros Turcs, des borgnes, des aveugles. Des femmes du peuple y glissent comme des fantômes, des enfants hâlés, nus, ou vêtus de haillons, la tête rasée, sauf deux touffes de cheveux laissées au milieu du crâne pour servir au bon ange qui viendra un jour les porter au paradis, jouent et courent parmi cette foule bigarrée, au risque d'être écrasés par les ânes au trot pressé, par les chameaux à la démarche nonchalante, ou par les chevaux traînant les beaux équipages des pachas ou des étrangers, précédés par les saïs dont les cris dominent le brouhaha général.

Un voyageur européen en faisant son début dans une ville comme le Caire, s'il est enthousiaste, et surtout s'il n'a, comme nous, que six jours à y passer, doit regretter de n'avoir que deux yeux ; ville, types, mœurs et costumes, tout y est si nouveau, si différent de ce que l'on a vu auparavant, que si l'on regarde à droite, on est sûr de manquer quelque chose d'intéressant à gauche ; et Dieu sait, pendant que l'on observe devant soi, ce qui se passe derrière. Malgré mon ambition j'ai dû me contenter de ma vue ordinaire, mais jamais elle n'a recueilli d'aussi charmantes impressions ! Quelle ville extraordinaire ! Jamais je n'avais rêvé de pareils tableaux vivants, et dire que cela se passe toujours ainsi c'est étonnant, car on est tenté de croire à une mise en scène

La route devient de plus en plus montueuse et escarpée ; bientôt nous devons quitter notre voiture, car il s'agit de gravir la colline sur laquelle se trouve la citadelle, bâtie sur un des contreforts du Mokattam. Mais avant de monter jusqu'au sommet arrêtons-nous pour examiner le puits de Joseph, ainsi nommé par une double raison : à cause du Joseph de la Bible au temps duquel il existait déjà et à cause de Joseph Saladin, sultan d'Egypte, qui l'a restauré au XIIme siècle.

Quel prodigieux travail ! une tour de maçonnerie qui descend jusqu'au Nil, c'est-à-dire à une profondeur de 80 mètres, ayant dans toute sa hauteur 10 mèt. carrés de vide.

On peut y descendre par une rampe assez large pour laisser passer les hommes et même des mulets. Nous nous contentons de visiter le premier étage pour nous rendre compte de la construction. On glisse un peu sur ce sol humide, on se heurte dans une demi-obscurité contre de grosses pierres, mais il règne une fraîcheur agréable dans cette route souterraine et nous voyons comment, par le moyen de roues mises en mouvement par des buffles ou des ânes, on fait monter l'eau dans des auges en grès, qui remplissent de cette façon trois réservoirs superposés.

Au haut de la citadelle se trouve la grande mosquée de Méhémet-Ali qui renferme le tombeau de ce Turc rebelle, de cet ambitieux et intrépide conquérant de l'Egypte. C'est le premier temple musulman que nous visitons, jugez de notre curiosité ! Déjà avant d'oser pénétrer dans l'enceinte qui entoure la mosquée, on nous présente de grandes babouches jaunes. Elles ont vu de meilleurs jours, mais nous les enfilons sur nos souliers avec autant de sérieux que si nous en avions déjà une grande habitude. Ainsi chaussés, nous entrons dans une vaste cour de marbre blanc, au milieu de laquelle et droit en face de l'église est placé un kiosque ravissant ; c'est la fontaine des ablutions, accompagnement obligé de chaque mosquée. Elle est entourée de plusieurs petits bassins à robinets, dans lesquels les disciples de Mahomet, avant de se présenter devant Allah, se lavent la figure, la bouche, les mains, les bras jusqu'aux coudes et les pieds jusqu'aux chevilles. Admirons cette sage prescription du prophète ! — Extérieurement, la mosquée de Méhémet-Ali diffère complètement des autres mosquées du Caire par son style turc et non arabe. Ici il faut que j'avoue mon ignorance en fait d'architecture, je décris donc en amateur et non en juge compétent.

Le dôme principal s'élève au milieu d'une quantité de petites coupoles et de chaque côtés de l'immense bâtiment s'élancent deux fois plus hauts que le dôme deux minarets pointus comme des flèches. Leur ligne svelte est coupée vers le sommet par deux balcons qui les entourent. Ces minarets rappellent assez la forme d'immenses bougies coiffées d'un éteignoir et sur lesquelles on aurait placé vers le tiers supérieur des bobèches à différentes hauteurs. Les bobèches sont les balcons circulaires du haut desquels les muëzzins, ces cloches vivantes de l'Islam, appellent trois fois par jour le peuple à la prière, proclamant dans un récitatif sonore : « Il n'y a qu'un Dieu, Allah, et Mahomet est son prophète ».

La mosquée est vide, à l'exception de quelques fidèles étendus et endormis sur le beau tapis moëlleux qui recouvre les dalles, rêvant sans doute des délices de leur paradis. Cette solitude nous permet d'admirer la grandeur des lignes de ce vaste sanctuaire, dénué de tout ornement sauf les belles colonnes d'albâtre oriental qui soutiennent les voûtes. Les murs sont également recouverts d'albâtre et la direction de la Mecque est désignée comme dans chaque mosquée, par une niche pratiquée dans la muraille. — Il n'y a ni bancs, ni chaises, qui seraient du reste inu-tiles dans un pays où on a l'habitude de s'asseoir sur les talons, et où la prière est accompagnée de génuflexions et de prostrations continuelles. — En guise de lampes, une quantité d'énormes boules de verre, couleur de lait, sont suspendues à toutes les coupoles par de longs fils de fer. On est frappé par la grandeur, la richesse, la magnificence de l'édifice, mais la dorure un peu trop criarde des frises et des chapiteaux nuit à l'effet de l'ensemble. C'est également l'abus de la dorure qui dépare à nos yeux le tombeau du fondateur de la mosquée.

Débarrassés de nos babouches, nous demandons à un officier de garde la permission d'avancer jusqu'au bord de la terrasse de la citadelle pour jouir de la vue. Le Caire est à nos pieds à une soixantaine de mètres au-dessous de nous. Quelle grande et belle ville ! Un peintre ne pourrait pas imaginer un plus beau désordre.

Au premier plan nous avons la belle mosquée du sultan Hassan séparée de nous par quelques bâtiments en ruines et par une large route qui conduit à notre gauche aux tombeaux des Mamelouks en traversant la grande place de Roméli, où tous les ans se rassemble la caravane qui se rend à la Mecque. En face de la mosquée Hassan s'élève un lourd bâtiment encore en construction ; c'est la mosquée de la reine-mère au-delà de laquelle on aperçoit le jardin de l'Esbékieh et tout au loin la verte promenade de Choubrah. Au milieu d'un énorme fouillis de maisons riches et pauvres, de bâtiments les plus variés, d'innombrables mosquées à coupoles flanquées de minarets de toutes sortes, on distingue le palais d'Abdin, résidence habituelle du vice-roi, celui d'Abas-Pacha, de triste mémoire, la vieille mosquée de Touloun et les restes de l'aqueduc de Saladin. Au-delà de l'immense ville, on suit le cours du Nil, bordé de palmiers, et dans le lointain à dix, quinze, et même vingt kilomètres de distance, les pyramides de Giséh, de Saqqarah et de Daschour dorées par les derniers rayons du soleil.

La terrasse d'où nous contemplons ce panorama incomparable a été le théâtre d'un acte de désespoir et notre enthousiasme fait place à une légitime indignation en apprenant que le sol que nous foulons est l'emplacement même où Méhémet-Ali fit en 1811 massacrer 470 chefs Mamelouks, ces puissants esclaves usurpateurs qu'il avait traîtreusement invités à célébrer une grande fête. Un seul échappa à ce carnage, en faisant à cheval le saut périlleux par-dessus le parapet. J'ignore le sort du cheval.

En revenant sur nos pas, nous entrons dans la mosquée de Hassan, monument du XIVe siècle, qui, malgré son état délabré, frappe l'esprit le plus profane par l'élégance et l'harmonie de ses lignes. Un grandiose portail, complètement garni d'un revêtement de bronze richement orné d'arabesques, conduit dans un sombre couloir, d'où quelques marches donnent accès à une immense cour dallée de marbre jadis blanc et qui n'a d'autre toit que le ciel. Le plus bel ornement est la fontaine des ablutions, admirable kiosque mauresque, sur la coupole duquel court une frise reproduisant en caractères en relief des sentences du Coran.

Il faut être armé de fatalisme pour oser s'y rendre trois fois par jour au risque d'être enseveli sous ses décombres. Une majestueuse arche ogivale murée dans le fond forme tout le sanctuaire. Elle est revêtue jusqu'à une hauteur de cinq à six mètres d'une riche boiserie, au milieu de laquelle se trouve la niche sacrée qui indique la direction de la Kaaba. L'estrade des chantres est également un remarquable spécimen de la sculpture du XIVe siècle. Nous ne voulons pas déranger les vêpres pour visiter le tombeau du Sultan, dont cette mosquée est le mausolée, et au-dessus duquel s'élève, entre deux gracieux minarets, la superbe coupole que nous avons déjà admirée depuis la citadelle. Dans les crevasses des murs, parmi les gra-

cieuses arabesques qui tombent en poussière, les oiseaux font leurs nids, soignent leurs petits, voltigent, sans crainte de déranger les bons musulmans ou d'être importunés par eux. Ceux-ci sont tout à leurs dévotions, et ne s'aperçoivent pas même de l'étonnement de deux étrangers qui assistent pour la première fois à leurs prières. Pieds nus, la tête couverte, la face tournée vers l'Orient ils élèvent les bras au ciel, les étendent en avant, les croisent sur la poitrine, s'agenouillent, se jettent à terre et se relèvent pour recommencer et répéter plusieurs fois ce même exercice et cela avec autant de solennité, autant de dignité que nous autres chrétiens, nous en mettrions pour prendre de l'eau bénite ou pour faire le signe de la croix.

Flânons encore un peu en voiture dans la belle allée de Choubrah, le Hyde-Park du Caire ; décidément ce n'est pas la saison, nous cherchons inutilement de fringants cavaliers, de brillants équipages, d'élégants saïs, de belles princesses voilées, nous ne voyons qu'une longue et interminable rangée de sycomores et de caroubiers et au-dessus de nous un ciel sans nuage, une lune féérique.

IV

LES PYRAMIDES

Il était convenu que l'on devait nous réveiller à 4 heures du matin le lendemain de notre arrivée au Caire, mais à 4 heures, je venais à peine de m'endormir, après une nuit affreuse, passée à faire la guerre avec les moustiques.

Quel supplice ! Depuis l'expérience que j'en fis, deux ans auparavant une certaine nuit à Pise, je suis l'ennemie jurée de ces petits diables microscopiques et lorsque j'entends leur sifflement aigu, je sais la nuit qui m'attend. Je tape à droite, à gauche, sur mes joues, sur mon front et juste quand je me félicite d'avoir écrasé mon tyran, et que le silence se fait, le voilà qui remonte au-dessus de ma tête chantant son air de triomphe. Après avoir vainement bataillé, j'ai dû me résoudre à la retraite en me cachant complètement dans mes draps. Au mois d'août et au Caire, c'est un moyen de prendre un bain turc, mais, consolée de l'idée peu charitable que je me vengerais au matin, je commençais à jouir d'un peu de repos quand déjà sonna l'heure du lever.

Au premier moment je souhaite les pyramides au fond de la mer, mais réfléchissant que plus tard je pourrais regretter de ne pas les avoir vues, je fais un suprème effort et je me lève.

Nous voici debout ! Quelle splendide matinée ! un ciel bleu sans tache, et un air, comme je n'en ai respiré qu'au Caire. C'est une volupté d'ouvrir la bouche dans ce pays, et de humer à pleins poumons cette athmosphère si légère et si pure.

Les pyramides de Gizéh sont à deux heures de voiture de la ville. Abdou, veillant sur un grand panier rempli de provisions pour notre déjeuner, est fièrement assis à côté de Mahmoud. Leurs jolis costumes embellissent le paysage. Tout le long de la route nous rencontrons des fellahs, occupés soit à travailler aux nombreuses constructions que fait exécuter le vice-roi, soit à bécher le terrain altéré qui n'aura plus longtemps à attendre l'inondation, car déjà le Nil commence à déborder.

Des femmes et des jeunes filles, droites comme des flèches, portent sur la tête d'immenses cruches en terre grise, renfermant de l'eau pour les ouvriers. Comme ces femmes sont gracieuses ! Chacune ferait un modèle de cariatide, et plus d'une dame pourrait envier leur noble démarche ! Pour maintenir en équilibre leur lourd fardeau, elles sont forcées de faire avec le bras un certain balancement, et c'est avec une grâce charmante qu'elles retiennent en même temps leur voile, toujours prêtes à s'en couvrir la bouche si quelque étranger vient à passer. En les

voyant donner à boire aux chameaux, qui côte à côte avec les jolis petits ânes succombent presque sous le poids d'énormes pierres destinées à toutes ces bâtisses, on pense à Rebecca, à Rachel et à toutes les jolies femmes de l'Ancien Testament et on comprend les faiblesses d'Isaac et de Jacob.

La route, construite sur un talus, comme le sont toutes les routes d'Egypte afin de ne pas être submergées lors de la crue du Nil, est ombragée d'acacias et de sycomores. On se rappelle, en voyant la disposition des branches de cet arbre, si commode pour une ascension que « Zachée, étant de petite taille, monta sur un sycomore » pour voir passer Jésus.

Il n'y a pas longtemps que l'on peut aller en voiture jusque dans le voisinage immédiat des Pyramides. Ce n'est que lorsque le Khédive apprit que l'impératrice Eugénie devait assister à l'ouverture du canal du Suez qu'il fit en deux mois terminer cette route, qui, sans cela, aurait peut-être attendu deux siècles. Mais les chevaux ne peuvent plus avancer, nous sommes au bord du désert, où cesse tout à coup la végétation.

Nous descendons de voiture et nous marchons dans le sable. A peine nos pieds s'y enfoncent-ils qu'une troupe d'Arabes vient à notre rencontre nous souhaitant la bienvenue. A mesure que nous avançons, leur nombre augmente ; on dirait qu'ils sortent de terre. Il y a parmi eux de beaux hommes à la figure intelligente ; leurs yeux noirs brillent comme du jais, et leurs dents plus blanches que les turbans enroulés sur leurs têtes rasées font contraste avec le teint bronzé de leur figure et de leur long cou.

Vieillards, hommes d'âge mûr, et adolescents, tous sont vêtus d'une chemise blanche serrée à la taille et dont les larges manches flottantes sont chez quelques-uns attachées derrière le dos, laissant à découvert leurs bras maigres et nerveux. Plusieurs portent en outre un manteau de laine noire ou blanche, dans lequel ils se drapent des pieds à la tête dès qu'ils s'arrêtent après une marche forcée ; ce vêtement les protège aussi bien contre le soleil que contre le sable que le vent emporte quelquefois avec violence. Les jambes et les pieds sont nus, et on dirait des statues de bronze, s'ils se tenaient plus tranquilles et s'ils parlaient moins. Quelle loquacité, et dans quelle variété de langues ils nous débitent leurs offres de service !

Vous voulez monter pyramides, Madame ? Moi, bras très-forts. — « Carry you up in my arms, Madam, you light as a feather, Madam, Arab strong man. »

« Monsieur, dit un autre, moi monter pyramide en cinq minutes, descendre en quatre minutes , voulez-vous, monsieur ? Coûte 5 francs, monsieur. »

Ainsi entourés d'un essaim d'Arabes qui nous étourdissent par leur bavardage polyglotte, nous atteignons le pied des pyramides, où une autre troupe de bédouins nous attend. Ceux-ci nous engagent à accepter une tasse de café et nous offrent aussi leurs services pour l'ascension. En dégustant leur excellent breuvage, tout en nous reposant de notre marche dans le sable, nous jouissons du spectacle de ces trois monuments gigantesques, et je m'aperçois une fois de plus qu'il faut voir pour comprendre, je dirais presque pour croire. Aucun tableau, aucune description ne m'avait donné une idée exacte de ces antiques colosses.

J'avais beau lire : « Elles sont de forme carée à la base, se composent d'assises de plus en plus étroites et se terminent par une petite plate-forme de 39 mètres 30 centimètres de tour qui, à distance, fait l'effet d'une pointe ; la plus célèbre, Chéops (celle que nous allons escalader) est large de 233 mètres à la base et haute de 142 mètres, » je ne comprends pas le langage des chiffres. La vue donc des pyramides me surprend, me confond. Elles sont écrasantes et plus on les considère, plus on s'étonne de ce travail surhumain. La fable des géants, que l'on retrouve dans toutes les anciennes croyances populaires, est-elle peut-être vraie ?

L'Arabe qui nous a offert le spectacle de son agilité est déjà en route ; il ressemble à un grand oiseau blanc, sautillant de rocher en rocher ; à cette distance, on le confond par moments avec les pierres et nous ne le reconnaissons qu'à ses vêtements flottants. Arrivé au sommet après cinq minutes (montre en main), il pousse un vigoureux hourrah et commence aussitôt la descente. Au bout de trois minutes et demie il est en bas et accourt nous rejoindre ruisselant de sueur, mais à peine essoufflé pour recevoir sa récompense. A notre tour maintenant ! heureusement nous avons le temps.

Notre frère, qui connaît pour ainsi dire chaque pierre des pyramides, préfère s'amuser à nos dépens, et s'établit paresseusement dans le sable à l'ombre d'un petit kiosque du vice-roi, dans lequel Abdou prépare notre lunch.

Une légère brise souffle et tempère la chaleur du soleil. Le sable brûle sous nos pieds, les pierres aussi sont chaudes. Une douzaine d'Arabes nous accompagnent, quatre ou cinq entourent mon mari, qui prend les devants et je me laisse presque porter par les autres.

Deux me précèdent, me tirant par chaque main, et tandis que je cherche par une formidable enjambée à escalader une marche haute d'un mètre environ, un troisième me prend par les hanches, me soulève et me dépose les pieds ensemble avec autant de facilité et de sans-façon que si j'étais un petit enfant. Cette manœuvre se répète autant de fois qu'il y a de marches, cent cinquante, je crois.

Celui qui nous critique depuis son poste d'observation ne trouve pas précisément esthétique ce mode d'ascension, mais tant pis, c'est le moyen d'arriver sans fatigue, laissons donc faire !

« *Slap banq here we are again* ! » me dit mon Arabe en me déposant sur la première assise. On comprendra mon étonnement d'entendre sur les pyramides, et chanté par un bédouin,ce refrain à la mode il y a quinze ans dans les rues de Londres. Voyant que leur anglais m'amusait, chacun voulait faire preuve de son savoir, mais après qu'un jeune indigène m'eut répété très-correctement quelques rimes enfantines un de ses camarades ajouta :

« Madame, lui dit cela, mais lui pas sait ce que lui dit »

Après vingt minutes de gymnastique,je rejoins mon mari établi depuis longtemps au sommet.

Pendant que nous prenons sur la plateforme quelques instants de repos, nos guides, enveloppés dans leurs manteaux,se groupent autour de nous. L'un d'eux nous fit la surprise de déboucher une bouteille de champagne, que notre hôte avait eu l'attention délicate de nous envoyer. — « C'est l'usage traditionnel, » nous dit le bédouin. et nous approuvons fort cette coutume. Ayant vidé nos verres à la santé de l'aimable donateur, nous offrons à nos Arabes leur part bien méritée. Mais à voir leurs mines, on dirait qu'il s'agit.. de poison. « Arabe boit jamais vin, dit le chef, Européen boit vin, lui gros ventre (et il décrivit en disant ceci un demi cercle autour de son maigre corps) ; Européen pas fort, Arabe muscle (ici il fait valoir ses bras) Arabe boit toujours eau. » Leur religion leur défend toute boisson alcoolique ; cela suffit pour qu'ils n'en touchent pas. C'est bien beau, mais dans un pays où l'eau est un nectar, il n'y a pas si grand mérite à ne pas désirer d'autre boisson.

Nos poumons étant revenus à leur état normal, levons-nous pour regarder la vue. Elle est belle de tous côtés et riche en contrastes !

A l'ouest, le désert libyque avec ses teintes si variées, ses ombres formées par des rochers grisâtres et ses ondulations de vagues de sable s'étend à perte de vue, et l'œil parcourt cet océan desséché jusqu'au point où, malgré la transparence de l'athmosphère,la ligne de l'horizon se confond avec le ciel. Du côté opposé la vue est bornée par la ligne monotone des montagnes du Mokattan contre lequel est adossé le Caire. Quoique nous soyons à dix kilomètres de la ville, nous distinguons facilement ses nombreuses mosquées, ses minarets, les tombeaux des califes et la citadelle qui domine le tout. Depuis la ville, une interminable forêt de palmiers s'étend du côté du sud, en suivant le cours du Nil, et semble se terminer vers les petites pyramides de Saqqarah, qui veillent sur les ruines de l'ancienne Memphis.

Au nord nous voyons de grandes étendues de terrain, complètement nues dans ce moment parce que l'on vient de récolter le dourah.

Dans quelques semaines cette vaste plaine ne sera qu'une nappe d'eau qui s'écoulera à son tour pour faire place à la végétation luxuriante si vantée par ceux qui visitent l'Egypte en hiver. Quelques toiles blanches, jetées çà et là dans ce grand tableau, permettent de suivre le parcours du Nil ou de ses canaux.

L'extrême transparence de l'air qui laisse reconnaître à des distances infinies de nombreux détails qui seraient invisibles dans nos climats fait le désespoir des artistes, jusqu'à ce qu'ils soient arrivés à peindre leurs lointains avec des couleurs très-adoucies,mais avec toute la précision des lignes d'une gravure.

Au premier plan nous dominons la pyramide de Chéphren, avec son sommet pointu et son revêtement de granit. A côté de Chéphren se trouve Mycérinus ; à nos pieds le grand Sphinx tourne le dos au désert et regarde dans le lointain le fleuve sacré. Pareil spectacle récompense amplement des fatigues de l'ascension.

Avec l'aide de nos bons guides, la descente n'est pas plus difficile que la montée ; seulement les sauts continuels que l'on est obligé de faire secouent et lassent un peu plus.

Bien des gens reculent devant l'ascension de la grande pyramide, comme d'autres devant celle du Vésuve. Plusieurs qui les ont gravis jurent leurs grands dieux qu'ils n'y retourneront pas ; quant à nous, nous connaissons maintenant et la pyramide et le Vésuve et je comprends la comparaison.

La grimpée du Vésuve est tout ce que je connais de plus fatigant, car à chaque pas on recule presque autant qu'on avance et rien n'est plus désespérant que d'avoir travaillé toute une heure dans un sol mouvant pour avoir fait aussi peu de chemin. Aux pyramides du moins, la terre ne nous manque pas sous les pieds ; on avance lentement mais sûrement, chaque pas est un pas de gagné et il suffit de vingt-minutes, tout au plus, pour voir ses efforts couronnés de succès. La descente du Vésuve est par contre tout plaisir, car la légère résistance que vous oppose une profonde couche de cendres permet de se lancer à la course sur une pente où il serait imprudent de s'avancer pas à pas sur un terrain solide. Les guides des pyramides sont presque aussi importuns dans leurs demandes de pourboires que ceux qui vous traînent sur le Vésuve ; il n'y a que la langue qui diffère. Déjà en montant ceux qui nous entourent commencent leur chanson et à la descente je fus aussi assaillie de prières qui commençaient et finissaient toujours par le mot « bacchich ». On se servit de moi pour intercéder auprès de mon mari et un Arabe rusé me dit : « Madame, vous satisfaite d'Arabe ? Très-bien, vous faire Arabe satisfait de vous ; vous dire Monsieur donner Arabe bon bacchich. »

Visitons maintenant l'intérieur du sépulcre où reposaient jadis les sarcophages.

Dès l'entrée, accompagnés par deux ou trois Arabes portant chacun une bougie, nous nous engageons dans un long et étroit couloir, qui, sous un angle d'environ 30 degrés, pénètre à une profondeur que je ne puis apprécier exactement, mais qui doit être environ de 30 mètres. La descente est pénible, car le sol est composé de dalles glissantes, dans lesquelles sont pratiquées de nombreuses entailles, afin de donner un point d'appui aux pieds des visiteurs, qui, sans cela, pourraient descendre plus vite qu'ils n'en auraient envie.

Dans toute la longueur du trajet, il faut marcher la tête baissée, et dans plusieurs endroits plier le corps en deux afin de ne pas se heurter contre la voûte du tunnel. Au bas du premier couloir un amas de décombres obstrue presque le passage, et, pendant quelques pas, il faut ramper dans la poussière pour atteindre un second couloir pareil au premier, qui le continue en remontant jusqu'à la chambre du roi. Une galerie latérale conduit à celle de la reine. Je me contentai de visiter cette dernière, car j'étouffais et je commençais à en avoir assez de ce voyage lugubre. Mon mari pousse ses investigations jusque dans « la chambre du roi ». Sous ces beaux noms on désigne des cavernes assez élevées, mais dont on ne voit que les quatre murailles de granit, et dans lesquelles ont reposé les corps de M. et Mme Chéops.

N'est-ce pas un sacrilége d'avoir violé les tombeaux de tant de défunts qui avaient évidemment le désir d'assurer le repos de leurs corps jusqu'au jour où Osiris seul avait le droit de les réveiller ? Je voudrais bien m'enquérir auprès de mes guides des moyens employés pour introduire de lourds sarcophages dans ces chambres funèbres dont l'accès est si difficile, mais l'obscurité et une chaleur suffocante nous poussent à sortir au plus vite pour regagner le grand air. Nous sommes heureux de revoir le jour ! Nous nous félicitons d'avoir vu l'intérieur de la pyramide, mais je déclare, comme le corbeau de la fable, « qu'on ne m'y reprendra plus ! »

Reconfortés par un excellent déjeuner, nous entreprenons une nouvelle course dans le sable pour visiter le Sphinx. Sa tête et son cou seuls sont à découvert ; le reste de cette gigantesque statue est enseveli dans les sables. Il n'a plus de nez, ses énormes oreilles s'appuient sur la chevelure maintenue par les bandelettes sacrées, et ses épaisses lèvres fermées, ainsi que son cou trop développé rappellent le type nègre. C'est la laideur personnifiée, et pourtant c'est une laideur grandiose. Quelle expression dans cette bouche ! on dirait qu'elle sourit dédaigneusement de nous, chétifs mortels qui passons devant lui pour disparaître comme tant d'autres générations, tandis que lui reste toujours là immuable.

Pour nous donner une idée de ses gigantesques proportions, un Arabe l'escalade et se cramponne à une de ses oreilles, qui à elle seule est aussi grande qu'un homme de taille moyenne. Pourquoi ne peut-il parler ce monstre que les Arabes appellent avec raison « le père de l'épouvante » ; que de choses ne pourrait-il raconter ! Tout autour du Sphinx se trouvent de nombreux tombeaux et des ruines d'anciens temples, où règnent maintenant en souverains maîtres les chauves-souris, les scorpions et d'autres êtres également antipathiques.

Mon mari s'étant amusé à recueillir quelques malheureux coléoptères, les Arabes ont compris qu'ils ont à faire à un naturaliste et les voilà partis, qui de droite, qui de gauche cherchant des curiosités de ce genre. On lui présente aussi une provision de crânes soi-disant de momies. Mon mari a un faible tout particulier pour les crânes et ne peut résister à la tentation.

Après un examen attentif il en choisit trois dont l'un porte encore des traces de l'embaumement, tandis que les autres appartiennent évidemment à une époque plus moderne. Ces précieux ossements sont soigneusement placés dans le panier d'Abdou et nous voici de nouveau en voiture, hors de cette tribu arabe, loin de Giséh et des interminables cris de « bacchich ! »

Quinze francs était le prix d'achat des crânes, mais ils étaient destinés à coûter cher à mon pauvre beau-frère, et s'il avait pu entrevoir l'avenir il n'aurait pas assisté d'un œil si tranquille à leur achat. Pour éviter l'ennui des douanes pendant le reste de notre voyage, on les fit emballer avec d'autres objets pour être expédiés directement en Europe. Mais en apprenant le contenu de la caisse, l'expéditeur refuse net de s'en charger, et nous prions notre frère de faire après notre départ les démarches nécessaires. Deux semaines plus tard celui-ci écrit : « Je n'ai pas encore pu faire partir la caisse. Ces trois crânes arrêtent tout. La lettre même du prince héritier n'a pu vaincre jusqu'ici les difficultés de sortie. Il faudra que je revienne à la charge, mais si je pouvais présenter à mon cher frère une liste des frais et des démarches nécessitées par ces malheureux ossements, il verrait qu'ils méritent d'être mis sous verre sur un coussin de velours. »

Pour terminer cette histoire de crânes, je cite encore un fragment d'une seconde lettre :

« Pauvre caisse, elle commence à avoir une histoire bien égyptienne. Le caprice fraternel de posséder des éléments de phréaologie africaine va encore me mener loin. J'avais une lettre du prince-ministre ordonnant la sortie d'une caisse contenant trois crânes, à condition qu'elle ne recélât rien dont la sortie fût prohibée. Or la douane raisonne : les crânes sont prohibés, donc la caisse ne sortira pas... et cela à Alexandrie où je ne puis aller maintenant. Rien n'y a fait, ni lettres, ni explications. On a fini par me demander si ces crânes étaient de l'époque pharaonique ou musulmane... Ah ! dans le premier cas on me priait de m'adresser à l'Administration des musées (qui se promène en France dans ce moment dans la personne de Mariette-Bey). Dans le second, on constate l'impossibilité de faire sortir les os de bons musulmans pour les envoyer pourrir en terre de giaours. Les exposer dans un musée ! Horreur ! J'ai fini par où j'aurais dû commencer, par donner l'ordre au commissionnaire d'ouvrir la caisse, de jeter les crânes dans la Méditerranée et d'expédier le reste. Mais voilà que celui-ci m'écrit pour me représenter le danger qu'il y a pour lui à faire disparaître des crânes signalés au ministère de l'intérieur et à la douane. Vous verrez qu'il me faudra faire dresser un acte mortuaire pour 3 bons musulmans et leur faire un ensevelissement de première classe. Je ne sais ce que je ferai encore, mais j'ai la conviction que la caisse ne partira pas sans que j'aille moi-même à Alexandrie. »

Je ne suis pas au courant des démarches ultérieures, mais je sais qu'un beau jour la caisse est arrivée à bon port avec tout son contenu et qu'aujourd'hui l'un de ces célèbres crânes figure dans la galerie anthropologique du musée de Lyon.

Profitons de l'absence du vice-roi pour visiter son palais de Gésireh. Cet édifice, admirablement situé dans l'immense jardin qui s'étale le long du Nil, fait un bel effet, grâce à ses colonnades et à ses balcons de fonte qui reproduisent dans toute sa pureté le style mauresque bien connu de l'Alhambra. Nous jugeons ici de la galanterie d'un souverain oriental. Le Khédive, pour faire une agréable surprise à l'impératrice Eugénie lors de son passage au Caire, fit reproduire dans le palais de Gésireh les appartements des Tuileries. Il fit venir tout exprès de Lyon le même satin bleu clair ; de Paris, les ouvriers tapissiers, et au moment où le bateau impérial entrait dans le port d'Alexandrie, on plantait les derniers clous pour fixer aux murailles ce charmant capitonnage.

Dans le jardin se trouve un kiosque également de style mauresque. Mais tandis que pour le palais les colonnades extérieures et les balcons sont d'un gris sévère qui s'harmonise avec l'ensemble de l'édifice, le vestibule du kiosque est égayé par toutes les couleurs de cette architecture méridionale. Nous avons été surtout frappés par un charmant bain turc en marbre blanc, sur lequel les brillantes couleurs projetées à travers des vitraux de toutes nuances font un effet magique.

V

L'ÉCOLE DES FILLES

En 1872, mon beau-frère écrivait dans son ouvrage intitulé « l'Instruction publique en Egypte », p. 114:

« L'éducation des filles ne rentre malheureusement pas, en Egypte, dans le domaine de l'Instruction publique. Quel que soit l'état de l'instruction dans la vallée du Nil, quelques progrès qu'obtiennent les soins qu'y consacre le gouvernement elle manquera toujours de ce levier puissant, qui à lui seul pourrait presque suffire pour atteindre le but, l'éducation de la femme et, comme corollaire, l'éducation de l'enfant par la mère.

« Quel que soit le nombre des écoles ou le zèle des maîtres, soyons convaincus que nous n'aurons une instruction primaire solide, universelle, éclairée, que là où la femme sera instruite. Instruisez la femme, voilà ce qu'on devrait crier toujours et partout à tous les ministères de l'instruction publique. Instruisez la femme, car si la mère sait lire et écrire, et surtout, ce qui est bien différent, si elle lit et écrit, non-seulement l'enfant ira à l'école, mais il profitera doublement de l'enseignement qu'il aura reçu. Instruisez la femme, car la femme d'aujourd'hui c'est la génération de demain, c'est la véritable semence qui vous sera rendue au centuple, et certes si l'on se trouvait dans la triste alternative de choisir entre la création d'écoles pour les filles et celle d'écoles pour les garçons, nous préférerions de beaucoup les premières, sûr que ce qu'on aurait négligé d'un côté, on le retrouverait largement de l'autre en amenant la mère à donner elle-même l'enseignement primaire à ses enfants. »

Aujourd'hui que quelques centaines de jeunes égyptiennes fréquentent l'école de « la Soufieh », quel triomphe pour celui qui écrivait les lignes ci-dessus de contempler la réalisation de ses espérances ! Qu'il était loin de se douter, lorsqu'il les traçait, que ce serait à lui qu'incomberait la tâche de créer la première école musulmane de filles ! Aussi n'était-ce pas sans un légitime orgueil qu'il nous invita à la visiter.

L'avenir seul montrera quels fruits on est en droit d'attendre de ce premier essai.

Cette école fondée en 1874 peut non-seulement rivaliser avec les beaux établissements de l'Angleterre, de la Suisse et de l'Allemagne, mais elle pourrait servir de modèle à plus d'un pensionnat et à plus d'un couvent en France. Elles est gratuite, grâce à la générosité de sa royale fondatrice, qui, privée elle-même des joies de la maternité, a su chercher une noble compensation dans cette œuvre intéressante.

Les élèves, tant internes qu'externes, appartiennent à toutes les classes de la société, depuis les princesses du sang jusqu'à de pauvres orphelines. On leur a alloué un ancien bâtiment de l'Etat, dont les vastes salles ont été converties en classes et en dortoirs et dont les grandes cours plantées d'arbres et entourées de péristyles leur servent de lieux de récréation.

Guidés par la directrice M¹¹ᵉ ..... une Syrienne, jeune, jolie et loquace, nous passons en revue une salle après l'autre. Tantôt nous surprenons les élèves à une leçon de géographie, où malgré notre présence elles répondent avec une netteté et un sans-gêne charmants, tantôt nous assistons à une leçon d'arithmétique, de grammaire turque ou arabe. Dans une autre grande salle nous admirons la dextérité de ces petits doigts enfantins occupés aux travaux à l'aiguille. Des fillettes de 7 à 12 ans tracent avec de fines soies de diverses couleurs des fleurs ou des arabesques sur des écharpes de mousseline blanche sans qu'aucun dessin les guide. Plus loin, nous causons des distractions, qui pourraient avoir de fâcheuses conséquences, à de mignonnes repasseuses âgées de 10 à 12 ans, munies de fers en rapport avec leur taille, et surveillées de près par leurs maîtresses; dans une belle buanderie nous apercevons à travers des nuées de vapeur de petites es-

piègles dont les bras agitent du linge dans des baquets d'écume, apprenant, tout en s'amusant, les secrets du blanchissage sans oublier, je pense, le babil proverbial qui accompagne toujours ce travail. A la cuisine d'autres petites mains pétrissent la pâte, remuent les sauces, font le pain, tournent les broches et sont initiées par de savants cordons-bleus à tous les mystères de l'art si vanté par Brillat-Savarin.

Ces occupations prosaïques n'empêchent nullement les autres branches d'enseignement, ni l'accomplissement régulier des devoirs religieux ; les élèves trouvent même le temps dans les cinq classes qu'elles peuvent suivre depuis l'âge de 7 à 12 ans, d'acquérir non seulement les éléments d'une instruction primaire très-étendue, mais aussi le développement d'un talent de musique, et quelques notions d'histoire naturelle et de physique ; en outre chacune possède la parfaite connaissance d'un métier qui pourrait lui servir de gagne-pain.

Les princesses et quelques parents des élèves assistent aux examens annuels, mais comme l'étiquette orientale ne permet pas aux Messieurs de contempler ces belles dames, une extrémité de la salle est divisée en deux parties par une immense cloison qui forme ainsi deux chambres distinctes réservées chacune à l'un des sexes. Nous ne pouvons mieux résumer l'impression que nous remportons qu'en citant les paroles du Khédive après sa première visite à cet établissement si nouveau pour lui : « Je suis ému. »

Le soir le docteur T., oculiste au Caire, célébrité que les indigènes distinguent par le nom de « l'homme aux longues moustaches », nous propose d'aller à l'Esbékieh entendre un concert arabe. Il est passé 10 heures, mais quelques lumières éclairent encore les allées du jardin. Un vieil Arabe préside avec gravité à un étalage de boissons, d'où l'on nous apporte du sirop de tamarin et de la bière détestable . Cette étrange musique n'est certainement pas sans charme.

Les voix partent d'un kiosque entouré de treillages de bois aux couleurs bariolées, qui renferme les cantatrices et les met complètement à l'abri des regards du public. La musique arabe est sauvage, mais douce, plaintive et captivante, elle prête à la rêverie et semble faite pour bercer un enfant. Les airs ne roulent que sur quelques notes et jamais la monotonie ne s'interrompt par une roulade inattendue, qui pourrait réveiller celui que le chant a réussi à endormir.

Nous sommes quatre à l'écouter et à comparer nos impressions ; deux en subissent le charme, les deux autres déclarent que c'est une triste musique, une musique sans mélodie.

Voilà comme quoi les goûts diffèrent !

Je connais même un vieux monsieur qui dit que toute musique n'est qu'un bruit plus ou moins désagréable. Si j'avais été seule, je me serais sûrement endormie, en rêvant à mille choses sérieuses, mais non tristes. C'est probablement pour remédier à cette possibilité qu'un Arabe, assis devant le kiosque, tout en savourant son chibouc et en dégustant son sirop, domine par intervalles le chant par une exclamation qui témoigne de la plus profonde admiration, exprimée par le seul mot « Allah ! » Ce dissyllabe, prononcé comme un Arabe seul peut le faire en accentuant le double l et en appuyant fortement sur la dernière syllabe est très-expressif et se traduit pour nous par les termes suivants : « Dieu ! Est-il possible ! Dieu ! Que c'est beau ! Dieu ! c'est divin ! »

La figure impassible de ce personnage ne répond nullement à ses exclamations enthousiastes ; on devine bien vite qu'il en a l'habitude, et plus tard lorsqu'il fait le tour de l'auditoire pour recueillir les dons, nous comprenons qu'il n'est rien moins que la claque officielle. Ce même personnage remplit en outre la fonction de programme, et il s'acquitte de ce dernier rôle d'une manière également originale. Un chant fini, il laisse reprendre haleine aux cantatrices, puis, tout en leur tournant le dos et avec le même calme, il leur dit : « Allah vous demande telle ou telle chanson. »

En tous les cas, voilà un concert où l'appréciation de l'auditoire dépend uniquement de la musique, la beauté des cantatrices restant un mystère. Je me demande si nos salles de concerts seraient aussi fréquentées si le désir de voir n'y attirait le public au moins autant que celui d'entendre. J'ai des amis qui déclarent de même ne pouvoir jouir d'un bon dîner si l'éclairage laisse à désirer.

De retour chez nous à minuit, des artistes d'un autre genre nous accueillent par une sérénade, malheureusement leur musique a sur moi un effet anti-soporifique. Une légion de grenouilles, installées dans l'étang du jardin, croassent à qui mieux mieux ; on dirait à entendre leur vacarme un régiment de soldats ronflant en mesure sous nos fenêtres. « Allah ! me suis-je écriée à mon tour, mais taisez-vous donc ! Allah ! quels désagréables crapauds vous êtes ! » Mais sans doute les petits musiciens nocturnes prenaient mes exclamations pour des applaudissements arabes, car ils continuèrent leur chant jusqu'à l'aube.

VI

SAQQARAH

De bon matin nous partons pour Saqqarah, l'ancienne Memphis. Le chemin de fer nous mènera à Bedrechin et de là nous irons à ânes. Pour atteindre cette voie ferrée nous avons à faire une course en voiture d'environ deux heures depuis le Caire.

Nous voici à la gare mêlés à la foule qui attend le train comme nous ; nous aurons pour compagnons de route quatre ânes gris, munis de leur hautes selles et de leur joli harnachement et gardés par un petit ânier vêtu d'une chemise bleue et d'un turban blanc.

Il fait chaud, malgré l'heure matinale:

cherchons l'ombre dans la salle d'attente. La porte est gardée par un grand nègre osseux en habit noir; nous savons de suite à qui nous avons à faire dès que de sa voix nasillarde il eut défendu l'entrée aux messieurs, « mais, ajoute ce galant eunuque à mon intention, si madame désire entrer elle le peut. » Je profite de sa permission et je me trouve dans une société de dames égyptiennes, toutes affublées de leurs masques, et de leurs vêtements de soie noire, assises sur les divans, les jambes repliées sous elles. Deux beaux yeux m'intriguent et m'attirent dans leur voisinage. Mon admiration augmente, je meurs de voir la figure à laquelle ils appartiennent. Ne perdons pas de temps. Par une pantomime je lui demande de me montrer comment elle ajuste son cache-nez; elle me comprend si bien qu'elle a l'amabilité de l'ôter. Aussitôt je m'en revêts au milieu d'un rire général. Vite la mousseline pour voiler le front et le habara. Toutes les femmes m'entourent, m'aidant à me costumer tout en se tordant de rire derrière leurs masques, tandis que la jeune femme dérobée se tient devant moi et paraît jouir autant que son ravisseur de cette métamorphose subite. Il lui reste pour vêtement une housse de mousseline serrée à la taille, un pantalon de soie jaune attaché à la cheville et des babouches citron.

Elle est jeune, jolie et gracieuse, je lui tends mon chapeau, j'ouvre la porte et me sauve dans la foule, pour me présenter à mes deux compagnons de voyage, qui sans doute dans ce moment m'envient le privilège de mon sexe. Mon espièglerie est récompensée par leur étonnement. « C'est T...! s'écrient-ils ensemble, par exemple ! » — Mais le train siffle, la pauvre dame dépouillée ne saura que faire de mon chapeau, et, du reste, j'ai assez de ses vêtements étouffants. Je cours les lui rendre, la remercie de sa complaisance, et l'eunuque, poussant de gros éclats de rire, emmène sa belle protégée pour l'enfermer dans le wagon réservé.

Deux amis arrivent pour faire route avec nous, mais leurs ânes sont en retard ; ils pestent poliment contre l'ânier, qui finalement arrive au grand galop juste à temps pour nous voir partir ! Au bout d'une demi-heure, nous atteignons Bedrechin. Montés sur nos ânes, nous prenons le chemin de Saqqarah. Nous suivons sur un étroit talus un sentier sinueux, au travers d'une superbe forêt de dattiers. Il faut avoir vu ces grands troncs sveltes et décharnés, à l'écorce rugueuse, portant à leur sommet leur couronne de branches vertes, délicates, et finement découpées, sous lesquelles pendent de grandes grappes dorées, pour se rendre compte de l'effet que produit sur nous cette végétation méridionale. A première vue, tous ces arbres se ressemblent, mais ils sont loin d'être monotones, car chacun a sa figure particulière et rien n'est gracieux comme ces longs panaches se balançant au vent. Il y a toute une poésie dans une forêt de palmiers !

Au sortir du bois, nous découvrons les quelques misérables huttes du village de Myt-Rahyneh, le nom arabe de Memphis ; on cherche en vain quelques traces de l'ancienne capitale de l'Egypte. Mais ce à quoi l'on ne s'attend pas, c'est d'y trouver une charmante petite villa européenne. C'est la maison de notre ami T. Bey, il a bien voulu nous en confier la clef, nous y laisserons Abdou qui préparera notre repas et nous viendrons nous y reposer après avoir visité Saqqarah.

Essayons maintenant du galop et de la haute école, à travers de vastes champs fraîchement labourés, car malgré nos parapluies et la fraîcheur de l'air il faut s'exposer le moins possible au soleil du mois d'août. Quand on parle des ânes d'Egypte, ne pensez pas à l'animal qui porte chez nous le même nom ; nos coursiers sont forts et agiles comme les petits poneys de l'Ecosse ; leur allure est aussi agréable et une promenade à cheval ne nous ferait pas plus de plaisir. Nous sommes tentés de voir un trait d'humilité de la part du Christ, lorsqu'il choisit un âne pour monture ; c'est là une idée européenne ; aucun sentiment pareil n'existe chez les Orientaux, où l'âne est une bête très-estimable et très-estimée, que La Fontaine lui-même, s'il avait été comme nous à Saqqarah, se serait bien gardé de ridiculiser.

Au milieu d'une nouvelle forêt de palmiers, nous nous arrêtons un instant pour regarder une colossale statue en basalte de Ramsès II, couchée sur la face dans un fossé au bord du talus. C'est le Pharaon qui vivait du temps de Moïse. Que fait là ce beau souvenir historique, échoué au bord d'un champ qui chaque année est envahi par les eaux ? Serait-il en route pour le Caire, ou aime-t-on à voir submerger la statue de ce roi qui avait ordonné la noyade des enfants mâles des Hébreux ?

Les palmiers nous ombragent jusqu'au bord du désert où nous laissons derrière nous des groupes de fellahs occupés à battre le dourah, sorte de maïs qui compose leur principale nourriture. Arrivés à la limite de la verdure, nos ânes enfoncent leurs fines jambes d'acier dans le sable, relèvent fièrement leurs belles têtes et suivis de l'ânier, qui, pieds nus, n'a cessé de marcher, de trotter, ou de galoper derrière eux, ils s'élancent en avant, dépassent plusieurs pyramides, plus vieilles, plus endommagées et moins hautes que celles de Giséh et ne s'arrêtent qu'après un quart d'heure devant une rustique maisonnette. Nous quittons nos montures pour entrer dans cette demeure isolée qui fait un singulier effet dans ce pays perdu. Du haut d'une galerie couverte, nous contemplons la beauté grandiose du désert, qui s'étend à perte de vue comme un vaste champ doré sous une voûte d'azur. C'est un spectacle imposant, il repose l'âme, fait rêver à l'infini et lorsque plus tard on y songe, c'est avec une sorte de nostalgie.

C'est dans cette petite maison où en l'absence du propriétaire s'amoncelle un mélange bizarre de sable et de lambeaux de linges de momies, que s'installe le magicien du XIXᵉ siècle, M. Mariette-Bey, lorsqu'il vient surveiller les fouilles de Saqqarah. Ce Français est l'Aladin moderne, qui, par la magie de l'intelligence et de la persévérance a sû découvrir les trésors de l'ancienne Egypte. Un bédouin arrive, non pas avec la merveilleuse lampe d'Aladin (M. Mariette l'a trouvée sans doute et la garde pour lui) mais avec quelques cierges pour nous guider dans le tombeau des Apis, dont la découverte n'est pas une des moins surprenantes de l'infatigable chercheur.

Quand on considère cette étendue infinie de sable, et que l'on voit comment le vent le déplace journellement en formant ici de nouveaux creux, là de nouvelles élévations, on est émerveillé des travaux par lesquels ce célèbre égyptologue est parvenu à tracer extérieurement sur le désert le plan exact du fameux Sérapéum, décrit par Strabon, à suivre la direction de l'allée des Sphinx, ensuite à montrer du doigt et à faire déblayer le merveilleux sépulcre des bœufs sacrés.

Nous y pénétrons par une ouverture spacieuse pour nous trouver dans une série de vastes et hautes galeries, d'une longueur interminable, à chaque côté desquelles sont déposés, dans de larges et profondes excavations, vingt-trois sarcophages de granit. Cette promenade souterraine nous rappelle celle des catacombes de Rome ; seulement ici les proportions sont si majestueuses que l'on n'éprouve pas les mêmes sentiments lugubres ; ici l'on n'est préoccupé ni par la crainte de s'égarer, ni par celle de voir s'écrouler les parois et d'être enterré vivant ; le froid humide des catacombes ne règne pas non plus dans ce tombeau gigantesque, creusé dans le roc et recouvert de sable, la température y est au contraire très-agréable. Les sarcophages, ainsi que leurs couvercles, sont de gigantesques monolithes polis comme des glaces, plusieurs sont couverts de hiéroglyphes, finement ciselés dans le granit. Nous descendons par une échelle dans une des excavations pour entrer dans le plus grand cercueil. Avec son couvercle il mesure douze pieds de haut ; une table placée au milieu et entourée de chaises indique que l'on peut au besoin s'en servir comme de salle à manger. En face de ces œuvres, qui témoignent d'une force prodigieuse et d'une connaissance approfondie des lois de la mécanique, on ne doute plus du rôle important que jouait jadis le bœuf sacré.

On a voulu sortir, pour le déposer dans le musée de Boulaq, un des sarcophages, mais on n'a réussi qu'à l'avancer de quelques pas ; aujourd'hui il encombre le passage d'une des galeries et reste là comme témoignage de la faiblesse actuelle de l'homme comparée à la force des géants des « bons vieux temps ». — La force brutale qu'un seul exerçait sur les masses a diminué pour faire place à l'énergie individuelle que chacun emploie à son gré. Les chemins de fer, le télégraphe, les ballons, pour ne pas parler des phonographes et des téléphones, sont le résultat, des travaux modernes et notre consolation, mais qui nous dit que le sable ne nous cache pas encore le témoignage de leur antique existence ?

Au sortir de ces merveilleux tombeaux, nous visitons un peu plus loin dans le désert dans le temple de Ti, une petite chambre, sur les murs de laquelle on peut étudier dans une série de bas-reliefs la biographie de ce personnage.

A voir ces tableaux multicolores sur fond blanc, on dirait qu'ils sont d'hier, tellement ils sont éclatants de fraîcheur. Ici, ce n'est ni l'architecture, ni les dimensions qui étonnent, c'est l'art du dessin et de la peinture, ainsi que les connaissances chimiques appliquées à la préparation des couleurs à une époque si reculée, car les tombeaux de Memphis datent de quatre mille ans avant Jésus-Christ.

Nous suivons le sieur Ti dans toutes les phases de sa vie sociale et privée. Il est tantôt entouré de sa famille, de ses amis, de ses esclaves, tantôt occupé à ses devoirs religieux, ou à la chasse ; ici il se promène dans ses vignobles ou dans ses riches vergers, surveillant les travaux des champs ou la rentrée de ses diverses récoltes. On pourrait presque compter ses richesses en fait de bœufs, de vaches, d'ânes, de porcs, de chèvres, de moutons, et de toutes les bêtes de sa basse-cour. Ses chiens à tête de chacal sont les mêmes qui courent aujourd'hui dans le pays, les chats y trouvent aussi leur place ainsi que tous les animaux sacrés dont l'Égypte était certainement le pays de Cocagne. Nulle part jusqu'ici on n'a retrouvé dans les monuments de cette époque la présence du cheval et du chameau.

Après une étude attentive de ces quatre murs on devient tout-à-fait familier, non-seulement avec M. T. et sa famille, avec les ustensiles de son ménage, de son agriculture etc., mais aussi avec les mœurs et les usages de son temps. Ces figures humaines ont le type du fellah actuel, mais les femmes ne sont ni masquées ni voilées et la bigamie, à ce qu'il paraît, n'était pas de mode dans ces temps reculés.

Comme l'art de la Grèce et de l'Italie paraît d'hier comparé à celui de l'Égypte, car au temps où les artistes couvraient de leurs chefs-d'œuvre les murs de ce petit temple, alors qu'ils sculptaient les hiéroglyphes sur les cercueils des Apis, lorsqu'ils bâtissaient les pyramides et leurs beaux temples de Thèbes, de Karnak, d'Edfou et de Memphis, l'Europe, si elle était peuplée, et peut-être le reste du monde était plongé dans les ténèbres de l'ignorance.

Quelle est cette tente, dressée depuis notre passage, que, au sortir du désert, nous apercevons à la limite du bois de palmiers ? C'est le bivouac des amis que nous avions laissés à Bedrechin. Ils vont passer quelques semaines à Saqqarah, pour y mener une vie de bohème, l'un pour peindre, l'autre pour se reposer de la grande ville en s'adonnant aux plaisirs de la chasse et de la navigation en petit bateau sur les champs du voisinage qui bientôt seront convertis en un véritable lac. Les indigènes de Saqqarah entourent déjà cette tente hospitalière, où nous goûtons quelques moments de repos. Les fellahs, hommes, femmes et enfants, dans leurs loques sales, mais pittoresques, se font fête de nous regarder, et nous leur rendons bien la pareille. Les bambins à notre moindre mouvement font volte-face comme de petits lièvres effrayés et se sauvent dans la forêt.

De plus hardis s'avancent vers nous et nous engagent à acheter des bibelots antiques trouvés dans la nécropole. Notre hôte négocie avec les petits marchands et me présente quelques colliers de curieuses perles de porcelaine d'un bleu verdâtre, plusieurs jolis scarabées et une variété d'images en miniature d'Osiris, d'Isis, de Phtah, etc., qui, avec la ravissante collection qu'il me donna à mon départ du Caire, sont encore aujourd'hui un précieux souvenir de cette charmante journée.

Le vent se lève, saluons nos amis, partons au grand galop pour Myt-Rahyneh ! Un nuage de sable se montre à l'horizon du côté de Memphis et s'avance rapidement vers nous. Halte ! crie l'ânier. Chacun retient les rênes de son baudet et regarde le tourbillon qui va nous envahir. « Fermez les yeux ! » J'obéis, en me cramponnant à ma monture. Aussitôt l'ouragan chargé de sable nous enveloppe un moment, puis continue sa route. Je rouvre les yeux pour voir monter dans les airs de longues spirales de sable, qui s'enroulent et se tordent avec furie. « Dieu soit loué, m'écriai-je, heureuse de me trouver encore sur terre, que ce cyclône ne nous ait pas emportés au ciel nous et nos ânes ! » ce à quoi je m'attendais un peu. « C'est, nous dit notre guide, un petit spécimen du Khamsin, ce vent brûlant du désert qui ne fait pas toujours le bonheur des bédouins ou des voyageurs. Vous en avez vu juste assez pour avoir une idée de sa puissance quand il souffle sérieusement. »

Quelle bonne pensée avait M. T. Bey de nous confier la clef de sa campagne, et combien nous lui en sommes reconnaissants ! Des divans moins luxueux, des tapis moins moelleux auraient été appréciés après notre course effrénée ; hier les pyramides, aujourd'hui les ânes ont raidi nos membres et nous sommes heureux de nous reposer après un bon déjeuner, et les messieurs s'apprêtent même à faire la sieste pendant la chaleur de l'après-midi après avoir feuilleté les derniers numéros de la *Revue des Deux Mondes*, que, certes, nous ne nous attendions pas à trouver dans cette solitude. Quant à moi, j'étais trop excitée pour dormir, trop heureuse de me trouver dans la belle terre d'Egypte, dont j'avais souvent rêvé, mais que mes rêves ne m'avaient jamais dépeinte dans sa splendeur véritable. Si seulement nous pouvions la faire voir à tous nos parents et amis ; telle est notre pensée continuelle.

Pour que rien ne manque à notre plaisir on fait venir un chameau, que nous montons chacun à notre tour. Heureusement je sais d'avance comment il faut m'y prendre, de sorte que je ne suis pas prise à l'improviste. La bête agenouillée, on s'assied sur le tapis qui recouvre le cadre établi en guise de selle sur la bosse de l'animal. Au commandement, le chameau se lève, d'abord sur les jambes de devant, puis sur celles de derrière. Il faut alternativement se pencher dans le sens inverse à celui que prend votre monture en ayant soin de vous cramponner aux bâtons fixés à cet usage devant et derrière la selle; sans cette précaution vous risqueriez de vous trouver à terre dès le début, et la chute du haut d'un chameau n'est pas peu de chose.

Le paysan qui s'amuse de ma fantaisie dirige ma promenade, au pas, dans un bois, où l'on fait la récolte des dattes. Agiles comme des matelots, les fellahs se hissent sur ces arbres élancés ; s'aidant des genoux et des pieds, ils enlacent le tronc à l'aide d'une corde qu'ils lancent toujours plus haut à mesure qu'ils montent. Autour des palmiers de joyeux enfants remplissent du fruit encore mal mûr leur pauvre chemise retroussée. Je retourne sur mes pas au galop, afin de connaître par une petite expérience les allures du vaisseau du désert.

À Bedrechin, d'où ce soir le train nous ramènera au Caire, le Nil se présente dans toute sa beauté, bordé de palmiers et parsemé de barques à voile. C'est à Bedrechin que Moïse fut, dit-on, retiré de l'eau ; la rive est partout sablonneuse et nous avons cherché en vain les roseaux avec lesquels sa mère avait fabriqué sa petite corbeille, et derrière lesquels, dans le remarquable tableau de Paul Delaroche, on voit se cacher la sœur chargée de veiller sur le précieux dépôt.

Combien la Bible et surtout l'Ancien Testament deviennent intéressants dans ce pays où tout est biblique ; avec quel plaisir on réveille ici le souvenir des belles histoires que l'on connaît depuis son enfance ! Tous les fellahs valides travaillent sans relâche à construire de nouvelles digues ou à réparer les anciennes, avant l'inondation qui est chaque année le grand événement de l'Egypte, car de la hauteur des eaux dépend ou la richesse ou la misère.

Une bande de petits enfants nous poursuivent à la gare , avec l'éternel refrain : « bacchich ; bacchich ! » Une fillette à laquelle nous demandons son âge répond sans hésiter : « Je suis venue au monde en même temps que notre dernier chameau, » ce qui naturellement jette pour nous une grande lumière sur la question. Il paraît que parmi les pauvres d'Egypte, ni les vieux, ni les jeunes ne savent résoudre ce problème d'une manière plus satisfaisante. Un vieillard racontait : « Je courais après ma mère quand les Français sont venus en Egypte. »

Quelle journée bien remplie, et quels souvenirs ineffaçables nous restent de ce dimanche, 15 août 1875 !

VII

MUSÉE DE BOULAQ

Une partie de la matinée du 16 fut consacrée au musée d'antiquité qui se trouve provisoirement à Boulaq, le port du Caire — Dans les diverses, salles et vestibules de ce vieux bâtiment, nous sommes de nouveau transportés à plusieurs milliers d'années en arrière, entourés de souvenirs des antiques monarchies égyptiennes. Deux ans auparavant dans le remarquable musée égyptologique de Turin, au milieu de ces vastes salles tapissées de papyrus, nous avons pu étudier à notre aise une étrange collection de corps humains desséchés et conservés par un art, dont le secret s'est perdu dans la nuit des temps. Ces momies aux chairs noires, brunes ou jaunes, dont souvent les membres semblent encore flexibles, ces momies aux longs cheveux, aux mains ornées de bagues croisées sur la poitrine, emmaillottées et couchées dans leur double, triple et quelquefois même quadruple cercueil, emboîtés les uns dans les autres, finissaient par avoir un tel attrait pour moi que j'eus de la peine à m'en éloigner. Les paniers de jonc, remplis de provisions de bouche : blé, raisins, grenades, et autres fruits, déposés par des mains amies dans chaque cercueil, sont là comme un témoignage frappant de la ferme croyance des Egyptiens à une résurrection corporelle.

Devant les traits desséchés d'une jeune femme, je m'arrêtai en me demandant : « Etait-elle par hasard une beauté, il y a six mille ans ? Faisait-elle le bonheur d'un mari ? Quel fut son roman ? Ces lèvres ont souri, cette bouche a parlé, ces bras ont peut-être serré un petit enfant sur son cœur ! »

La voix de mon compagnon de voyage vint me distraire de ma rêverie en me criant du fond de la salle : « Viens donc, ne t'arrête pas si longtemps devant chaque momie, ce n'est pas pour la première fois que tu en vois, je pense ; elles sont toutes la même chose ! »

Et moi qui les trouvais toutes différentes ; elles exerçaient sur moi une étrange fascination, et tous les autres objets du musée n'avaient à mes yeux qu'un intérêt très-secondaire. J'avais pitié de ces pauvres gens, ex-posés aux regards indiscrets de l'univers entier, eux qui avaient tant désiré rester cachés jusqu'au jour de la résurrection.

Souvent depuis lors, je songe combien ces mêmes corps, si un jour leur âme vient les ranimer, seraient étonnés, en se réveillant de leur long sommeil, de se trouver dans les froids musées de l'Europe, loin de leur pays natal. C'est alors que les fouilleurs de tombeaux, les directeurs de musées et les amateurs d'antiquités auraient à répondre de leurs œuvres !

Nos divinités, nos amulettes, nos bijoux, où sont-ils ? s'écrieront ensemble toutes les momies. — Tel corps, dans le musée britannique de Londres ; réclamera son bras, qui se trouve à Paris dans la vitrine d'un antiquaire ; tel autre ne pourra marcher, ses pieds faisant en Allemagne la joie d'un collectionneur, et l'on verra peut-être le désespoir d'un corps dont le crâne est une des curiosités d'un musée bien connu. Il y aura de pauvres âmes, qui, après la terrible scène du jugement, ayant été déclarées pures, viendront chercher leurs corps pour s'unir de nouveau à eux ; après de longues recherches, elles finiront par les trouver, mais elles chercheront en vain à les ranimer du souffle de la vie car le scarabée qui leur tenait lieu de cœur a disparu, et fait l'ornement principal du collier d'une grande dame.

Quelles scènes déchirantes il y aura !

Malgré la ferme croyance des Egyptiens à une résurrection en chair et en os, en vue de laquelle ils se sont donné tant de peine pour conserver et pour cacher leurs corps, espérons pour les uns et les autres qu'elle n'aura pas lieu d'une manière aussi matérielle.

A Boulaq, les momies n'ayant plus l'attrait de la nouveauté, je ne fais que les saluer comme de vieilles amies pour porter toute mon attention sur les autres objets de l'antique civilisation égyptienne, qui, depuis notre excursion à Saqqarah, ont pour nous un double intérêt.

Mariette-Bey, le conservateur du musée, a mis une vraie coquetterie dans l'arrangement des salles ; on court d'un merveille à l'autre avec un plaisir toujours croissant. Le musée de Boulaq est le livre par excellence de l'antiquité égyptienne, un livre entraînant, qui non-seulement pourrait en peu de temps nous mettre au courant de la vie complète d'un nombre infini de rois, de reines, de prêtres, de hauts fonctionnaires ou de simples particuliers des différentes dynasties, mais qui nous fait connaître la physionomie même de ces personnages. Les hiéroglyphes sont le texte, les statues les portraits, et les menus objets, bijoux, ustensiles de ménage, outils d'agriculture, armes, jeux, jouets d'enfants, etc., une illustration parlante des mœurs de l'époque.

Il est bien entendu que le commun des mortels, tels que moi, ne saurait lire ce livre intéressant dans le texte original, mais Mariette-Bey a pourvu le public d'une traduction, sous forme de catalogue, et cet excellent guide en main, l'étude du musée devient aussi facile qu'agréable.

Malheureusement nous devons le parcourir très-rapidement ; cependant nous avons le temps de nous rendre compte de la richesse de cette collection, dont la valeur est augmentée par le fait, qu'on connaît exactement la provenance de chaque objet ; nous admirons ces statues de basalte et de granit qui ont l'air de sortir des mains du polisseur ; ces calcaires qu'on dirait fraîchement blanchis, ces sculptures de bois, d'albâtre et de bronze d'une perfection étonnante.

Pour décrire quelques-unes des statues qui ont surtout frappé notre attention et qui sont restées gravées dans notre mémoire, je ne puis mieux faire que de reproduire les propres paroles du conservateur du Musée. A propos d'une statue de granit noir, haute de 77 cent., trouvée à Thèbes-Karnak, il dit :

« En faisant abstraction de l'énorme coiffure qui charge plutôt qu'elle n'orne cette tête royale et en étudiant de près les traits qui composent la face, on a peine à croire que ce monument ait été taillé dans une matière aussi dure, aussi rebelle, aussi ingrate que le granit. Les yeux sont francs, le nez fin et délicat, les lèvres surtout sont vivantes. Evidemment nous possédons encore ici un portrait.

« Le Pharaon est coiffé de la double couronne. Il était debout, et tenait de la main gauche un bâton d'enseigne, terminé par une tête de bélier, symbole de Chnouphis.

« La légende interrompue par une cassure de la pierre ne nous donne pas le nom du roi que ce beau fragment représente. Je serais tenté pourtant d'y reconnaître Ménepthah, le fils de Ramsès II et le Pharaon qui périt dans la Mer Rouge. »

MEMPHIS-SAQQARAH. CALCAIRE. HAUTEUR TOTALE 90 CENT.

« Très-jolie statue dans le style de l'Ancien-Empire. Le personnage est debout ; il se nommait Noum-Hotep. Ce nom a été porté par un fonctionnaire de la XIIᵐᵉ dynastie dont le tombeau est à Béni-Hassan ; il a été cependant en usage dès l'Ancien-Empire. Quoique notre statue n'ait pas moins de cinquante siècles, elle possède encore une fraîcheur de couleurs remarquable. Ces phénomènes de conservation ne sont pas rares en Egypte. En 1834, j'eus la bonne fortune de découvrir la tombe inviolée d'un Apis. Elle datait du règne de Ramsès II et donna au Musée du Louvre ces beaux bijoux que tout le monde connaît. Quand j'y entrai pour la première fois, je trouvai marquée sur la couche mince de sable dont le sol était couvert l'empreinte des pieds des ouvriers qui, 3700 ans avant, avaient couché le dieu dans sa tombe. »

MEMPHIS-SAQQARAH. BOIS. HAUTEUR 1 ᵐ. 10.

« Un personnage est debout, en main le bâton du commandement. Sa chevelure est courte ; ses hanches sont couvertes d'une sorte de jupe assez longue qui est ramenée par-devant en plis bouffants ; tout le reste du corps est nu. Rien de plus frappant que cette image en quelque sorte vivante d'un personnage mort il y a six mille ans. La tête surtout est saisissante de vérité. De son côté, le corps tout entier a été traité avec un sentiment profond de la nature. Nous ne possédons certes pas de portrait plus authentique et plus parlant.

Dans son état primitif, la statue était recouverte d'un stuc léger, peint en rouge et en blanc. Les yeux sont rapportés. Une enveloppe de bronze, qui tient lieu des paupières, enchâsse l'œil proprement dit, formé d'un morceau de quartz blanc opaque, au centre duquel un autre morceau de cristal de roche sert de prunelle. Au centre et au fond du cristal, un clou brillant est fixé et donne à l'œil ainsi fabriqué quelque chose du regard de la vie.

Pour pouvoir poser la statue debout, nous nous sommes risqués à lui ajouter des pieds auxquels nous avons laissé la couleur du bois nouveau.

Cette statue unique dans son genre a figuré en 1867, à l'Exposition de Paris. »

MEMPHIS-SAQQARAH. CALCAIRE HAUTEUR 65 CENT.

« *Asa* est assis. Il a près de lui sa femme, parente du roi, nommée *Hathor-en-Kéou*. Son fils, *Tat-as-as-pou-er*, se tient debout à ses pieds.

L'exiguïté de la taille de l'épouse comparée à celle du mari n'est point un fait qui atteste l'infériorité sociale de la femme chez les Egyptiens. La femme, au contraire, prenait une large place dans la famille. Les droits qu'elle tenait de sa naissance n'étaient pas absorbés dans ceux du mari, et elle les transmettait intacts à ses enfants. A certaines époques, les tableaux de famille nomment souvent la mère à l'exclusion du père. Dans les inscriptions de l'Ancien-Empire, l'amour entre époux est parfois exprimé d'une manière délicate et touchante.

Les grosses perruques faisaient dans l'ancienne Égypte l'office du turban actuel, qui n'est qu'un préservatif, contre l'ardeur des rayons solaires. On en aura la preuve ici en voyant les cheveux de la dame Hathor-en-Kéou se montrer par-dessous la perruque et couvrir le haut du front.

Notre joli groupe se reconnaît au premier coup-d'œil pour une œuvre de l'Ancien Empire. L'imitation plus étudiée de la nature, un type de physionomie en quelque sorte plus égyptien qu'à aucune autre époque, la fraîcheur même des couleurs dont le monument est peint, font qu'on y sent plus la vie. »

Les deux citations suivantes donneront une idée du style ordinaire des stèles funéraires fort nombreuses au musée de Boulaq.

Voici un hymne au soleil : « Salut à toi, quand tu te lèves dans la montagne solaire sous la forme de Ra, et que tu te couches sous la forme de Ma ! Tu circules autour du ciel, et tous les hommes te regardent, et se tournent vers toi en se cachant la face ! Que je puisse accompagner ta majesté quand tu te montres le matin tous les jours ! Tes rayons sur leurs visages, on ne peut les décrire ! L'or n'est rien comparé à tes rayons ! Les terres divines, on les voit dans les peintures ; les contrées de l'Arabie, on les a énumérées, mais toi seul tu es caché !... Tes transformations sont égales à celle de l'Océan céleste. Il marche comme tu marches... Accorde que j'arrive au pays de l'éternité et à la région de ceux qui sont approuvés. (Accorde) que je me réunisse aux beaux et sages esprits de Ker-neter, et que j'apparaisse avec eux pour contempler tes beautés de chaque jour ! »

Voici une autre phrase de stèle qui frappe par son analogie biblique. Le mort, un nommé *Maï*, admis en présence du juge suprême, s'écrie : « Je me suis attaché Dieu par mon amour ; j'ai donné du pain à celui qui avait faim, de l'eau à celui qui avait soif, des vêtements à celui qui était nu ; j'ai donné un lieu d'asile à l'abandonné. »

« Ce n'est point par hasard que ces touchantes paroles, où se font jour les aspirations d'une morale tout évangélique, se rencontrent ici. Les monuments égyptiens en font un si fréquent emploi que nous sommes presque autorisés à y voir une sorte de prière d'un usage pour ainsi dire quotidien. »

« Que les Egyptiens aient réussi une fois à accomplir un tel travail, (dit M. Mariette en décrivant la finesse extrême des gravures qui décorent le cercueil d'une certaine dame Beteïta), on ne doit pas en être surpris, mais ce qui est étonnant, c'est que pour eux cet ingrat travail était si facile, qu'ils en ont multiplié les produits pour ainsi dire à l'infini. »

Un artiste de nos amis me disait un jour en parlant avec un mélange d'enthousiasme et de rage des anciens sculpteurs grecs : « Ces gaillards-là nous cassent les bras ! » Je ne suis pas artiste, mais je trouve que les Egyptiens me cassent la tête !

<h2 style="text-align:center">VIII</h2>

<h3 style="text-align:center">LE BAZAR</h3>

« Comment, nous sommes au Caire depuis trois jours à peine ? Que de choses nous avons déjà vues ! Quelle ville merveilleuse ! quel monde ! Jusqu'à présent, sauf les supplices des moustiques, tout est plaisir ! La chaleur du mois d'août, en avons-nous souffert ? pas plus que chez nous, et beaucoup moins qu'en Italie. Les fièvres où sont-elles ? Et les brigands dont nos amis nous ont menacés ? C'est vrai que nous ne sommes pas au bout de notre voyage et que le choléra nous attend peut-être à Smyrne. »

C'est ainsi qu'après nos courses du matin, nous causions, tout en nous préparant à aller visiter les fameux bazars du Caire.

Hélas ! nous ne savions pas qu'une des prophéties de nos bons amis s'était réalisée, nous ne nous doutions pas qu'on nous avait déjà volé 500 francs. Voulant remplir sa bourse avant de sortir, mon mari tire de sa petite sacoche, qui avait toujours été enfermée dans notre malle, une de ces petites boites rondes que tout le monde connaît, marquée 1000 francs et qui est censée contenir 50 pièces de 20 francs. Il verse les premières pièces, mais frappé de la légèreté du restant, il vide le contenu en entier sur la table. Quelle ne fut pas sa surprise de ne compter que quarante pièces, et de trouver le fond de la boîte garni d'une petite cartouche de ouate, soigneusement terminée par deux petits disques en carton. « Serait-ce chez mon banquier que cette jolie petite manœuvre s'est pratiquée, se demande mon mari ? c'est bien lui qui m'a donné cette boîte. » Il examine les autres qu'il avait remplies de sa propre main; on les avait également allégées d'une partie de leur contenu ; toutes avaient subi à divers degrés cette délicate opération. Il faut que le voleur s'y entende, qu'il soit vieux dans le métier, mais quelque habile qu'il soit, il lui a fallu du temps pour l'exécuter. Nulle part notre malle n'était restée ouverte, sauf sur le vaisseau, où elle était dans notre cabine. Serait-ce pendant les deux heures passées à Corfou que cette habile soustraction a été faite ? C'est ce que nous supposons, mais nous n'avons jamais pu en obtenir la preuve. En tous les cas, nous soupçonnons fort que ce vol a été commis entre Trieste et Alexandrie, car le même désagrément était arrivé, dans un précédent voyage, à un de nos compagnons de route qui s'était embarqué à Alexandrie pour Trieste.

Avis aux voyageurs qui suivront la même route !

Avec des bourses moins garnies qu'elles ne l'auraient été sans cet accident et tout en nous félicitant de posséder encore ce que le voleur a bien voulu nous laisser, nous nous lançons au milieu des tentations du bazar.

Jusqu'à présent nous avons parcouru le Caire en voiture, mais ici force nous est de mettre pied à terre. Aucun équipage d'aucune espèce, à moins de considérer comme tels les ânes que le général Bonaparte appelait les « fiacres du Caire », ne peut pénétrer dans ces innombrables ruelles, entrelacées les unes dans les autres, larges d'un à deux mètres, où s'étalent les marchandises les plus variées depuis les produits de l'Égypte, de l'Arabie, du Soudan, et de la Perse jusqu'aux cotonnades de Mulhouse et à la coutellerie de Sheffield. Les boutiques sont de misérables échoppes; dans les unes, il y a tout juste place pour le marchand, qui, accroupi sur son beau tapis et fumant son chibouc, n'a qu'à étendre le bras pour atteindre, sans se déranger, toutes les marchandises qu'il étale devant ses clients, anticipant ainsi les délices du paradis de Mahomet, « où les fruits des arbres s'abaisseront pour être cueillis sans peine ». D'autres, plus aristocratiques, peuvent contenir une ou deux chaises, objets d'un si grand luxe, que le prophète en promet aux bienheureux dans le séjour céleste; mais le plus humble savetier de village refuserait chez nous de s'enfermer dans des loges d'aussi petites dimensions. Mettant en action le proverbe : « qui se ressemble s'assemble », chaque rue est presque consacrée à une même industrie; ici on est ébloui par la richesse des orfèvres et des bijoutiers; là brillent les étoffes de soie et les broderies de Smyrne; une troisième ruelle a la spécialité des babouches; telle autre appartient aux ciseleurs de vases ou de plateaux de cuivre; les cafés et les changeurs trouvent moyen de se faufiler partout, et ces derniers attirent l'attention des passants en faisant sonner leur monnaie.

Quant aux épais tapis de Smyrne ou de

Perse, il faut les chercher dans les caravansérails. Celui dans lequel nous entrons est une grande cour intérieure comme celles que l'on voit en Italie. Tout le bas est occupé par des boutiques parfaitement semblables : rien ne nous attire plutôt d'un côté que de l'autre; si l'on s'arrête devant un marchand, aussitôt il vous étale silencieusement tapis après tapis, et les rentre avec la même dignité si vous passez chez son voisin. Devant un pareil déploiement de richesses, l'embarras de l'acheteur est extrême. Mais ce qui étonne l'étranger lorsqu'il a fait son choix, c'est de n'entendre aucune récrimination de la part des concurrents évincés, aucun signe de mécontentement; heureux résultat du fatalisme musulman. « Allah a voulu qu'il achète chez mon voisin, ainsi soit-il ! »

Grâce aux moyens actuels de communications, toutes ces marchandises se trouvent dans nos grandes villes d'Europe, mais ce que l'on chercherait vainement, c'est l'animation des rues, cette vie en pleine air, ces tableaux pittoresques, ces mascarades continuelles, cette nonchalance, et surtout cette ferveur tout orientale qui n'empêche pas les marchands de dire leurs prières sur le devant de leurs boutiques, avec toutes les révérences prescrites par le Coran.

Nous rôdons ainsi pendant deux ou trois heures, de boutique en boutique, marchandant par-ci, achetant par-là tous ces petits riens, ces souvenirs qui redoublent de valeur lorsqu'on les a rapportés chez soi.

Les mendiants profitent de notre flânerie pour nous poursuivre de leurs demandes. Un petit estropié trottinait à notre suite à l'aide de ses béquilles; frappés de son gai sourire, nous lui donnons un bacchich; il remercie et disparaît. Quelle ne fut pas notre surprise de le voir vers la prochaine boutique accompagné d'un « cafedji » portant trois tasses de café. « C'est *moi* qui vous l'offre, » dit-il en me tapant sur l'épaule et sa pâle et maigre figure rayonnait de bonheur. Trouvez-moi en Europe un mendiant qui vous offre du café !

Dans une petite cour nous apercevons un gamin, pas plus haut qu'une botte, armé d'un long bâton et dont la chemise n'est retenue sur ses petites épaules que par quelques loques; le petit drôle s'amuse à frapper à tour de bras une grosse pierre, répétant en cadence à chaque coup la charitable prière que voici : « Que Dieu frappe de la sorte tous les juifs de l'enfer ! »

Nos emplettes sont finies, Abdou ne sait plus que faire de nos paquets ; félicitons-nous d'avoir un guide pour nous ramener à la maison, car au milieu du dédale du bazar, dans ces ruelles enchevêtrées, d'où souvent on ne sort que pour tomber dans un cul de sac, à moins de posséder une bosse topographique plus prononcée que la mienne, un étranger se perdrait cent fois avant de retrouver son gîte.

Inutile d'ennuyer le lecteur par une minutieuse description du vieux Caire, sale faubourg, habité principalement par les Coptes, et où ils montrent avec orgueil une vieille église bâtie sur l'emplacement de la petite maison qui, d'après la tradition, abritait la Sainte Famille. C'est également ici que se trouve la belle mosquée d'Amrou, et le fameux grenier de Joseph.

Cependant, pour donner une idée exacte de tout ce que nous avons vu pendant notre court séjour, il faut mentionner la curieuse mosquée de Touloun, la plus ancienne du Caire, bâtie en 867, et au sujet de laquelle circulent toutes sortes de légendes merveilleuses.

Le fondateur aurait enroulé un papier autour de son doigt, en donnant la spirale ainsi obtenue comme modèle du minaret principal. Les ruines de cette mosquée sont aujourd'hui un asile pour des malheureux de tout genre, des manchots, des boiteux, des fous, qui, blottis dans de sales demeures, strictement surveillés par la police, forment une étrange communauté qui rappelle la « cour des miracles » du vieux Paris. Malgré la fontaine des ablutions et une abondance d'eau, on voudrait, en visitant ces tristes cellules, pouvoir laisser son nez à la porte.

Nous ne devons pas non plus passer sous silence la bibliothèque du Caire, qui, outre ses nombreux volumes, possède la plus riche collection de copies du Coran, (enluminés avec une finesse, une richesse de coloris et un art merveilleux et exquis) écrits déjà sur papier à une époque où en Europe, le parchemin était seul usité.

Quelques-uns de ces précieux volumes figuraient, en 1878, à l'Exposition du Trocadéro.

IX

TOMBEAUX DES CALIFES

Notre séjour au Caire touche à sa fin. Vivant comme dans un rêve, j'ignorais les dates pendant tout le temps de nos pérégrinations, me laissant guider de surprise en surprise, d'une scène à l'autre sans me rendre compte de la suite du temps. C'est pour moi un des charmes du voyage de ne pas avoir à faire les plans, à combiner les programmes de chaque journée, à étudier ces horribles horaires des chemins de fer ou des bateaux, de n'avoir pas à me préoccuper des billets ni de l'enregistrement des bagages . C'est si doux d'oublier les soucis de la vie, les ennuis du ménage et de suivre, comme le faisait le Dante, un aimable guide, non comme le divin poète pour visiter l'enfer, mais pour parcourir un paradis terrestre. Oh ! femmes ! vous qui prêchez notre émancipation, avez vous songé aux conséquences ?

Nous aurons, si nous voulons égaler les hommes dans leurs droits, à partager honnêtement les ennuis de leur sexe; à renoncer à ces doux avantages qui sont nos priviléges et qui, entre nous soit dit, font notre joie. Ce serait à nous à frayer notre voie dans la foule, à lutter pour notre existence ; on ne nous cèdera plus partout la première et la meilleure place, on ne

nous posera plus des tabourets sous les pieds, l'aile du poulet ne sera plus notre partage, Mais assez de réflexions ! Allons visiter les tombeaux des Califes, souvenirs de ces papes de l'Islam, dont l'histoire, semblable à celle des papes de l'Occident. n'est pendant plusieurs siècles qu'un long récit de schismes, de guerres et de meurtres, avec cette différence que le fondateur do l'une de ces puissances donna par sa vie de douceur, d'amour et de charité et par ses sublimes maximes un exemple d'abnégation et de dévouement, tandis que l'autre chercha à gagner par le fer et le feu des croyants à sa nouvelle religion et eut soin de s'accorder, en sa qualité de prophète, toutes les prérogatives, tous les agréments, tous les priviléges d'une douce vie sur terre.

Est-ce *grâce* à ces guerriers des saintes causes, ou *malgré* eux que les arts furent florissants sous leurs règnes ? Ce n'est pas à moi à le décider. Sans les caprices du pape Jules II, Michel-Ange nous aurait *peut-être* laissé encore plus de traces de son sublime génie. Mais à quelque chose malheur est bon, car en tous les cas, sans les Califes, le Caire n'aurait pas aujourd'hui ces beaux spécimens d'architecture qui célèbrent la puissance et les crimes de ces redoutables successeurs de Mahomet.

L'Egypte n'est qu'une grande oasis, une longue étendue de verdure, qui, bordée au nord par la mer, se projette dans les sables du désert. Le Caire est en petit ce que l'Egypte est en grand. Des sables l'entourent de tous les côtés, sauf du côté du Nord ; à Giséh et à Saqqarah nous les avons rencontrés à l'Ouest, nous les retrouverons aujourd'hui à l'Est à une heure de la ville.

Les tombeaux des Califes, comme ceux des Pharaons, s'élèvent dans le désert, à l'abri de l'inondation. Rien de triste et de désolé comme la route qui y mène ; on quitte la vie pour s'approcher de la mort, et la transition ne se fait pas graduellement, mais subitement. L'eau est pour la terre ce que le sang est pour l'animal, l'instant où l'une ou l'autre s'arrête la vie ou la végétation cesse.

Pas n'est besoin d'être artiste pour éprouver le charme de l'architecture mauresque. Ces tombeaux sont tout autant de mosquées, se ressemblant comme les membres d'une même famille, mais ayant chacune son cachet particulier. Autant de coupoles autant de formes diverses, toutes couvertes de ces merveilleuses guipures de stuc, qui feraient le bonheur d'une dame, si elle lespossédait en chiffons; les balcons des minarets sont autant de dentelles anciennes, superposées autour d'une tourelle élancée. A la vue des vitreaux, des mosaïques de marbre, des incrustations de nacre ou d'ivoire dans un bois noirci par le temps, qui ornent l'intérieur de ces mausolées, on ne peut s'empêcher de laisser échapper des cris d admiration, qui ne manquent jamais d'être suivis d'un soupir de regret. Hélas ! pourquoi ces ruines? Ces monuments ne sont âgés que de trois à six siècles ; déjà ils tombent en poussière et bientôt leurs débris se mêleront avec le sable et les ossements de ceux qu'ils étaient censés protéger.

Toute une population de pauvres a pris possession des ruines de cette nécropole, partageant leur gite avec les oiseaux et les chiens, et exerçant, loin de tout autre aspect que celui des plaines de sable, et des rochers stériles du Mokattan quelques industries peu rémunératrices, telles que le tricotage et le tissage à main ; mais on vit de peu, à peine a-t-on un peu d'eau. Autour de ces beaux mausolées, le sable est parsemé de misérables petits tumulus, faisant dans le cimetière commun le même contraste que fait partout la richesse et l'indigence.

Les tombeaux des Mamelouks sont moins beaux, et plus en ruines que ceux des Califes. — De là jusqu'à la ville on ne quitte plus les tombes arabes, turques, etc., au milieu desquelles les familles aisées se sont construites de petites maisons en bois peintes en bleu où elles passent quelquefois plusieurs journées au milieu de leurs trépassés.

X

LE HAREM

Pour une dame, revenir de l'Orient sans avoir vu un harem, ce serait « quitter Rome sans avoir vu le pape ».

« Vous irez voir celui de mon ami X. Pacha , me dit mon beau – frère . Il n'a qu'une femme (je devine le désappointement de mes lecteurs !) et elle est d'une très-bonne famille égyptienne. Je passerai lui faire visite, pour demander si elle veut bien me permettre de vous présenter. Je connais d'avance sa réponse ; elle dira : qu'elle m'aime d'un amour tendre, qu'après son mari, c'est moi qui prends rang dans son affection, que sa maison est à moi autant qu'à elle, et qu'elle sera ravie de vous recevoir. Elle me présentera alors un beau bouquet, je lui rendrai ses belles phrases et reviendrai vous dire de vous préparer ; je me charge de vous trouver une interprète. »

— Comment ! dis-je, les femmes de l'Orient ne sont-elles donc pas invisibles pour les hommes ?

— « Si bien, et ce n'est que par la procuration de son eunuque que me parviendra cette gracieuse réponse. »

La prédiction se réalisa de touts points, y compris le bouquet.

Enchantée de cette perspective, j'attends avec impatience l'heure convenue. Mon interprète, une jeune Syrienne, s'est mise en grande toilette : une robe de soie bleu de ciel, et des fleurs dans les cheveux.

Les domestiques noirs, en longues chemises bleues et en turbans blancs, nous reçoivent dans la vaste cour qui entoure le harem. Un gros individu, à figure d'un noir luisant, à l'expression joviale, nous montre ses belles dents en souriant et nous saluant à la turque. Il est vêtu de noir à l'européenne et sa ronde tête, frisée comme un mouton, coiffée du tarbouch. Ma compagne se laisse gracieusement tomber dans ses bras ; tous les deux rient et s'embrassent comme de vieux amis ; moi, je reste tout interdite dans la voiture . « C'est un joli commencement, me dis-je. » Mlle R.,devinant sans doute ma pensée, me dit à haute voix, et en riant toujours : « Mais, ce n'est pas un homme, ça, c'est l'eunuque de madame X. Pacha ! » Peu rassurée, je descends de voiture et laisse le gros nègre témoigner à sa façon sa joie de me voir. Il se contente de me serrer les bras, de me dire de jolies choses, en arabe, entremêlant ses paroles de joyeux éclats de rire.

« Toi, mon gros, pensai-je, tu ressembles à une poupée en caoutchouc noir et tu cries de même ! »

« Et puis ? » me demandai-je, tout en me laissant guider par cet aimable petit eunuque et suivie de Mlle R., qui conversait gaiement avec deux ou trois sous-eunuques.

Sur les marches d'un vaste escalier sont groupées quelques belles dames, à la peau blanche et fine, aux grands yeux taillés en amande. Elles portent de longues robes blanches, de légers petits turbans roses ou bleus, et de larges ceintures de soie assorties. De quel pays peuvent-elles bien être. En tous les cas, ce ne sont pas des Egyptiennes. Ces charmantes personnes nous accueillent en s'inclinant devant nous, et en portant la main droite du genou à la bouche et de la bouche au front, selon la coutume de l'Orient. La plus belle s'avance, suivie des autres, pour nous recevoir des mains des eunuques, qui se retirent après force rires et salamalecks.

« Est-ce madame X. Pacha ? dis-je promptement à l'interprète. — Non, non, non, ce sont des esclaves circassiennes »

Ces jeunes filles s'emparent de nous avec beaucoup de grâce, et nous voilà prisonnières, gardées de chaque côté par ces aimables jeunes filles, qui,nous tenant sous les coudes avec leurs deux mains, nous conduisent dans un immense vestibule et de là dans une grande salle, où la femme du Pacha, suivie d'autres esclaves, vient au-devant de nous jus-

qu'au seuil de la porte. Elle me salue à la mode de son pays, je lui rends son salut à l'européenne.

C'est une petite femme assez forte, à figure égyptienne, le front bas, le teint olivâtre, les cheveux d'un noir bleu, les yeux brillants comme du jais, à longs cils, et surmontés de sourcils très-arqués. La bouche est grande, mais bien taillée, véritable bouche de sphinx, exprimant à la fois la douceur et la fermeté. Les ongles de ses petites mains sont teints en rouge. Elle n'est pas précisément belle, et cependant on ne se lasserait pas de regarder cette noble figure. Sa robe blanche à longue traîne, finement brodée à la main, ouverte en cœur,semble faite par une couturière française. Une ceinture de soie rose s'harmonise avec un léger turban de crêpe de même couleur, lequel, orné d'un superbe croissant de diamants, couronne ses cheveux d'ébène ; ses petites pantoufles de satin rose sortent sûrement d'un magasin de Paris. La photographie de son fils, encadrée de gros diamants, agrafée à sa robe comme une décoration, complète sa toilette.

Elle me désigne une place à sa droite, sur un large divan, me tend un chasse-mouches en plumes d'autruches et à manche d'ivoire, et, munie elle-même d'un instrument pareil, elle s'assied à côté de moi de manière à ne me laisser voir que son profil. On n'est bien sur ces larges divans orientaux, qu'à condition de s'y asseoir à la turque, mais par respect pour moi la femme du Pacha adopte la posture européenne et je suis forcée d'en faire autant.

Quelques négresses, les pieds nus, les ongles teints en rouge, vêtues d'une simple robe de coton blanc, à bordure écarlate, se rangent, comme des sentinelles vers la porte ouverte ; dans le vestibule, leurs babouches sont alignées paire par paire, prêtes à être enfilées à chacune de leurs sorties. Une de ces noires Africaines apporte pour l'interprète une chaise de paille, qu'elle place en face de nous. Les jolies petites Circassiennes vont et viennent comme si elles étaient des membres de la famille, et semblent toute disposées à suivre la conversation.

Madame X. Pacha l'a déjà commencée avec l'interprète. En attendant, la traduction j'examine la salle qui, hélas ! ne répond en rien aux délicieuses descriptions des Mille et une nuits ; au contraire elle est d'une simplicité désolante, et il ne me faut pas longtemps pour en faire l'inspection. Elle est grande, haute et blanchie à la chaux, éclairée par six fenêtres garnies de rideaux de mousseline ; une natte de palmier en couvre les dalles, des divans à grands coussins mobiles l'entourent, et une petite table de marbre blanc placée au milieu est couverte de cigarettes et de cendriers. Trois grandes photographies richement encadrées, celles du Pacha et de ses deux fils, placées sans la moindre symétrie, rompent seules la monotonie de ces blanches parois ; je me trompe : plusieurs cordons rouges, plantés à mi-hauteur des murailles, m'intriguent : j'apprends plus tard qu'ils servent à suspendre des moustiquaires. N'ayant plus rien pour me distraire, je suis tout à la conversation, que Mlle R. me traduit en ces termes :

« Madame X. Pacha est plus heureuse de vous voir, que jamais elle ne saurait le dire. Votre beau-frère est le meilleur ami de son mari. Madame X. Pacha l'aime et l'estime, après son mari, plus que tout autre homme ; sa maison est autant à lui qu'au Pacha, et elle vous prie, vous aussi, de la considérer comme la vôtre. »

Pendant ce beau discours, l'aimable dame se tourne vers moi et me sourit amicalement, comme pour confirmer ses paroles.

A mon tour, je fais de mon mieux pour répondre en termes aussi gracieux, comptant sur mon interprète pour ajouter en élégance ce qui pouvait manquer à mon langage. Un serrement de mains met le sceau à notre amitié.

Madame X reprend la parole, pendant que les jolies Circassiennes nous servent du café turc à l'eau de rose. Une petite négresse, une main sur la hanche, tient suspendue dans l'autre une sorte d'encensoir en argent, dans lequel repose sur des charbons une riche cafetière. Une autre, immobile comme une statue, porte de jolies petites tasses en verre doré, placées sur un magnifique plateau d'argent au devant duquel tombe un tapis de velours violet couvert d'épaisses broderies d'or. Quel joli tableau vivant formaient ces gracieuses jeunes filles, et qu'il était bon ! ce café à l'eau de rose. Ne croyez pas que le café en Egypte ressemble à ce marc épais, que, sous ce nom, on nous fait avaler dans les cafés orientaux de l'Europe, il y a autant de différence entre les deux qu'entre le jour et la nuit.

Tout en fumant, comme les autres dames, une cigarette qu'une des négresses me présente tout allumée sur un petit cabaret d'argent, je prête de nouveau une oreille attentive à Mlle R. qui me dit :

« Madame X. Pacha vous fait demander si c'est la première fois que vous visitez l'Egypte ? si le Caire vous plaît ? si vous avez été contente de l'école des filles ? si M. D Bey a eu des nouvelles de M. X. Pacha ? si vous savez où le Pacha se trouve dans ce moment ? si vous l'avez vu en Suisse ? et combien de temps vous comptez rester encore au Caire ? »

Je priai Mlle R. d'avoir pitié de ma mémoire et de bien vouloir me refaire une à une ces nombreuses questions, promettant d'y répondre article par article. De cette manière, la conversation devint plus animée, et plus tard, c'est moi qui questionnai. Les cigarettes finies, on nous sert une seconde tasse de café à l'eau de rose. Notre interprète, en traduisant et sans doute en embellissant mes questions et mes remarques, s'animait tellement qu'elle renversa la mignonne petite tasse et que le contenu se répandit tout entier sur sa toilette. En un clin d'œil, les esclaves réparèrent le désastre.

Cette petite mésaventure mit de l'entrain dans la société, et nous étions très-animées lorsque arrive une vieille petite dame. Une seconde chaise de paille fut apportée et placée pour elle en face de moi, à côté de l'interprète. Le corps de cette petite dame, aussi large que haut, a l'air d'un gros coussin serré au milieu et dont la housse serait en belle popeline grise. Sa figure semble taillée dans de la pâte, et ses petites mains blanches et potelées, avec lesquelles elle agite un grand éventail, sont comme des quenelles (sans truffes). Une fine mousseline blanche serrée sur le front lui couvre la tête ; ses petits pieds, chaussés de pantoufles rouges à la pointe relevée, ne touchent pas terre et c'le n'a pas l'air à son aise sur cette chaise dure et haute.

Voici encore une visite ; il paraît décidément que c'est « le jour » de Mme X. Pacha ! La nouvelle arrivée, en housse de soie blanche, chaussée de bottes jaunes, s'assied à terre sur un grand coussin adossé au divan, les jambes repliées sous elle. Elle m'examine des pieds à la tête, et je lui rends la pareille. Ayant fait savoir à Mme X. Pacha que je croyais partir dans l'après-midi du lendemain, elle m'exprime avec toute l'emphase orientale son chagrin de me voir disparaître comme une étoile filante, et me prie de bien vouloir lui procurer la joie de me revoir encore une fois : « Cette maison est la vôtre, entrez quand vous voudrez, et faites de tout ce qui m'appartient comme si cela était à vous ! » J'acceptai son aimable invitation, et je me promettais de revenir, mais je ne pus le faire, car le soir même nous quittions le Caire.

« Mais madame , lui dis-je, vous restez ici à la maison, M. le Pacha et vos fils que vous aimez si tendrement voyagent, et vous êtes triste sans eux ; vous voyez que nous autres dames européennes nous accompagnons quelquefois nos maris ; me voici en Egypte avec le mien, loin, bien loin de chez moi. L'idée ne vous est-elle jamais venue de voyager aussi, d'aller visiter d'autres pays, de voir d'autres visages ? C'est si intéressant ! »
Pendant que j'adressais cette longue phrase à l'interprète, je voyais que la grosse petite dame était de plus en plus malheureuse sur sa chaise, et que les mouvements accélérés de son éventail témoignaient d'une grande impatience. Elle savait assez le français pour comprendre les idées révolutionaires que j'exprimais ; mon discours fini, elle répondit immédiatement avec des gestes d'indignation : « Jamais ! jamais ! » Il était bien évident que j'avais baissé dans l'estime de cette bonne dame.

En attendant, on avait traduit ma question et madame X. me donne cette digne réponse : « L'idée ne m'en vient pas, parce que je sais que la chose est impossible. »
On apporte des fleurs, à chacune un bouquet, très-odoriférant ; nous continuons à fumer et à causer, je m'efforce de rentrer dans les bonnes grâces de la petite dame que j'avais involontairement scandalisée. C'était difficile, et je crois plutôt que je la froissais toujours d'avantage.

Un monsieur, en me parlant un jour des femmes égyptiennes, me dit : « Ne les plaignez pas, elles sont très-heureuses, elles ne demandent pas mieux que de s'accommoder de la vie qu'elles mènent. Elles sont très-despotes, et leurs maris sont leurs esclaves ; jamais un mari égyptien ne refuse quelque chose à sa femme, ces dames le savent bien. Dans les harems, elles s'intéressent à nos affaires, et obtiennent souvent des faveurs de toute espèce pour les maris ou les fils de leurs amies. » Il me fit un tel tableau de la puissance féminine en Egypte, que ma pitié faillit se changer en envie.

J'eus bientôt la preuve de la vérité de cette assertion. Une des visiteuses n'était venue que pour me présenter une requête et je dus lui promettre de plaider sa cause.

« Ah ça ! me dis-je, ces dames s'imaginent que c'est chez nous comme chez elles, que nos maris et nos frères ne savent rien nous refuser ; elles se trompent, mais il est inutile de leur montrer leur avantage sur nous à cet égard et je réponds : « Madame, je transmettrai avec plaisir votre demande ; j'ignore jusqu'à quel point je pourrai vous être utile, mais soyez sûre que si cela est possible, il sera fait selon votre désir. » — Et la petite dame froissée se défroissa.

Mais la tête me tourne ; la fumée, à laquelle je ne suis pas habituée, le café à l'eau de roses, le parfum des fleurs m'achevèrent. J'étais comme dans un rêve, je n'entendais plus distinctement, j'étais saisie d'un léger vertige.

Aujourd'hui je me demande s'il y avait de l'opium dans les cigarettes ? De l'eau de Cologne bientôt me ranima. Mais ma guérison ne fut complète qu'après avoir bu une grande tasse de limonade. Ah ! quelle limonade ! On la servit dans de grandes tasses en argent de la forme d'un œuf d'autruche, dont on aurait coupé la partie supérieure pour l'employer comme couvercle ; elles étaient dorées à l'intérieur, et, sous chacune d'elles, on avait placé une ravissante serviette blanche entourée de franges d'or. Le secret du nectar qu'elles contenaient est dans l'eau du Nil et dans les petits citrons du Caire, de sorte qu'il faut aller en Egypte si l'on veut en boire de semblable.

Me sentant de nouvelles forces, je repris la conversation : tout en demandant pardon à madame X. de ma longue visite, car elle avait déjà duré plus de deux heures, je lui dis que chez nous une première visite se prolonge rarement au-delà d'un quart d'heure, mais que tout me paraissait si nouveau et si intéressant chez elle, elle m'avait fait un si gracieux accueil que le temps avait passé comme par enchantement. Et je pensais, sans le dire, qu'il faut du temps pour faire une visite avec un interprète.

Naturellement Mme X... me fit répondre que plus je resterais, plus elle en serait enchantée, et qu'elle ne se consolait de mon départ que par la promesse que je lui faisais de revenir le lendemain.

« Encore une question, dis-je, et je pars. Si vous veniez chez moi en Europe, et je le voudrais bien (ici je n'osais regarder la grosse petite dame), je me ferais un plaisir de vous montrer en entier mon appartement. Je vous mènerais de mon salon dans mon boudoir, de là dans ma chambre à coucher, dans ma cuisine et partout. Serait-ce une indiscrétion de ma part de demander à voir une autre pièce de votre harem ? »

La petite dame ne laissa pas à Mlle R... le temps de traduire, elle me dit avec un petit air impatienté : « Elles sont toutes la même chose, nos chambres ; on couche où l'on se trouve, on dîne partout, et nous n'avons pas comme vous des chambres réservées à un usage spécial. » Et elle avait l'air de croire que nous faisons bien des embarras dans nos habitations européennes.

Il était temps de me retirer ; je dis adieu à ma charmante hôtesse, à laquelle je me réjouissais beaucoup de faire une seconde visite. La glace était rompue, j'aurais voulu voir tant de choses encore et m'informer de mille autres détails. Les jeunes Circassiennes nous prenant de nouveau sous les coudes nous livrèrent aux mains des eunuques, qui, toujours souriants, nous attendaient au bas du grand escalier. Notre jovial introducteur nous accompagne jusqu'à la porte en répétant ses tendresses, sans oublier d'embrasser de nouveau Mlle R...

Les portes du harem sont refermées sur nous ; je reconduis mon aimable interprète, et je retourne auprès de mon mari et de mon beau frère, qui commençaient à se demander si j'allais faire partie du harem, tellement ma visite s'était prolongée.

Pour beaucoup de personnes ce récit n'aura que peu d'intérêt, car j'ai déclaré de suite que le Pacha n'est pas polygame ; mais je préférais enlever d'emblée l'espoir d'entendre un des contes des Mille et une nuits, qui ne sont plus guère de mode dans ce siècle positif. Le fait est que cela coûte trop cher d'avoir plus d'une femme, car c'est aux hommes à fournir la dot de leurs épouses, somme qu'elles emportent en cas de divorce; et pour les riches, autant de femmes, cela signifie autant d'habitations, autant d'équipages, de chevaux, d'eunuques, d'esclaves, et qui pis est, quelquefois autant de belles-mères, etc.

En Orient, la femme est un grand luxe, à moins que ce ne soit une femme du peuple, qui, par son travail, gagne sa vie et celle de ses enfants ; dans ce cas, elle vaut bien un âne, une vache, ou peut-être même un chameau !

D'autres personnes se choqueront au seul mot de « harem », car pour beaucoup, c'est presque synonyme d'immoralité. témoin une lettre d'une dame anglaise, qui nous écrivait à notre retour d'Egypte : « Comment un homme aussi bien et aussi civilisé que X. Pacha peut-il avoir un harem? C'est bien triste ! » Cette dame ignore que « harem » veut dire appartement des femmes, ou par extension simplement « la femme ». (notre billet de passage d'Alexandrie à Constantinople, pour mon mari et moi, portait M. D. et harem), elle ne sait pas non plus que le mot « choram » en arabe signifie chose sacrée, inviolable.

Le complément de tout voyage se fait après le retour, par des lectures, des conversations et la réflexion. Aussi ai-je tâché de compléter mes études sur la vie du harem en en parlant à des personnes qui la connaissent. J'ai rencontré plus tard en Europe M. X. Pacha et je lui dis le plaisir que j'avais eu à visiter sa femme et à voir l'intérieur de son harem. « Ah ! m'a-t-il dit, en se frottant les mains et en riant, vous avez vu ma femme ! Son gros ennuque vous a bien reçue, vous avez vu toutes ses esclaves ; elles n'ont pas l'air malheureux, n'est-ce pas ? On vous a servi du café et des cigarettes ; ah ! je vois tout cela, et ma femme avait mis ses diamants, oh ! c'est charmant, c'est charmant ! »

Je lui avouai que j'avais demandé à sa femme si elle n'aimerait pas voyager avec son mari. mais qu'elle m'avait sagement répondu que ce n'est pas dans leurs usages. « Ah ! ma pauvre femme, me dit le Pacha, je l'ai prise une fois avec moi dans la Haute-Egypte, mais comment voulez-vous que nos femmes voyagent, elles doivent toujours être voilées, toujours séparées des hommes, oh ! c'est un embarras, madame, c'est un embarras dont vous n'avez aucune idée ! Après ce voyage, ma femme elle-même m'a dit : Va seul voyager. mon ami ; quant à moi je resterai désormais à la maison. »

Comment madame s'occupe-t-elle du matin au soir ? Sait-elle lire et écrire ?

« Un peu, mais très-peu, ce que je lui ai appris moi-même ; mais elle s'occupe du ménage. Toutes les broderies qu'elle porte, ses vêtements ainsi que ceux des esclaves se font à la maison, et ma femme surveille cela. Oh! elles ne sont pas malheureuses, madame, et je vous assure, elle est très-bonne ma femme, très-bonne ! La pauvre femme ! je lui ai emmené ses deux fils, et la voilà seule à présent ; elle croit que je n'en veux laisser qu'un en Europe, je n'osais pas lui dire que je voulais laisser aussi le cadet ; c'eût été pour elle une telle désolation, mais c'est pour le bien de l'enfant ; et elle ne comprend pas cela. »

Mais que dira votre femme en vous voyant rentrer seul ?

« Oh ! elle sera fâchée pendant quelques jours, mais cela passera et je serai pardonné. »

En parlant ainsi au Pacha de sa femme, j'ai agi selon *nos* habitudes et contrairement à l'étiquette orientale, qui défend aux étrangers et même aux amis de s'informer de quoi que ce soit qui ait rapport au harem.

Jamais un musulman ne demande à l'autre « comment se porte madame ? » et même il saurait mourante une personne du harem voisin qu'il n'oserait demander des nouvelles.

Le mariage est en Orient plus que partout ailleurs une loterie, car il s'arrange complètement entre les parents. En France, dans la haute société, à peu d'exceptions près, le fiancé est présenté à sa future épouse quelques jours, ou quelques semaines avant la célébration du mariage ; souvent le jeune couple s'est rencontré dans le monde, ainsi chacun des fiancés connaît au moins la physionomie et le son de la voix de la personne à laquelle il va enchaîner sa vie. Mais en Orient ce n'est que le soir, après la cérémonie du mariage, quand la jeune fille est amenée dans son nouvel « home » que l'époux, a le droit de lever le voile, et de jeter un premier regard sur son épouse. Quel plaisir, ou quel désappointement !

Les Ecossais disent d'un homme qui conclut un marché sans avoir vu préalablement la marchandise : « Il a acheté un porc dans un sac. » Il me semble (ceci soit dit sans comparaison malveillante pour mon sexe) que c'est un peu ce que l'on fait quand on épouse une femme sans l'avoir vue. Sous ce rapport, la femme musulmane a un léger avantage sur l'homme, car son père ou son frère peut lui faire voir son futur mari, si celui-ci passe par hasard dans la rue sous son moucharabiéh ; son eunuque peut lui crier : « le voilà ! » s'il le voit venir du haut de son siége quand il dirige les promenades de Mademoiselle.

L'homme, au contraire, est censé baisser les yeux en présence d'une dame et même que verrait-il, si, reconnaissant la voiture de sa future belle-mère, sa curiosité le poussait à oublier l'étiquette et à y jeter un furtif regard ? Un paquet blanc ou noir dans lequel brillent deux yeux ! — Naturellement, un jeune homme prudent peut avoir recours à sa mère, à une sœur ou même aux eunuques pour se faire dépeindre la jeune fille à laquelle on désire l'unir, mais c'est toujours ennuyeux d'être obligé, dans des questions aussi graves, de se fier aux yeux d'autrui.

On raconte que lors de la visite de l'impératrice au Caire, elle a demandé à son hôte royal de lui faire voir un mariage égyptien.

Le Vice-Roi, toujours aimable, répond : « Rien de plus facile, » et sur-le-champ il fait venir un Bey auquel il dit : « Vous savez que vous vous mariez ce soir. » — « Sire, dit le le Bey, en croisant les bras et en baissant les yeux, que votre volonté soit faite. » Ce même soir l'impératrice eut le spectacle désiré et le bey était uni pour la vie à une esclave du Vice-Roi.

Le Khédive lui-même a quatre épouses légitimes, des Circassiennes qui, ainsi que leurs filles, portent le titre de princesses.

Chacune des quatres princesses a son harem à elle, un palais ou un appartement situé à quelques pas de la demeure royale, avec voitures, chevaux, saïs, eunuques et esclaves à son service particulier.

Ce quatuor féminin vit, dit-on, en bonne intelligence, car l'époux commun, selon les préceptes du Coran, ne montre jamais de préférence pour l'une ou pour l'autre. Ce qu'il donne à l'une il le donne à l'autre, ou du moins les trois autres reçoivent l'équivalent du cadeau donné à la première. Les quatre princesses se réunissent avec leurs enfants pour les repas, auxquels assiste leur seigneur et maître s'il n'a pas des invités chez lui, ou si la fantaisie ne lui prend pas de manger seul dans son palais.

Les femmes de l'Orient sont habituées depuis le berceau à l'idée de la polygamie ; il n'y a rien là qui les choque. Cependant, le cœur humain n'est-il pas partout le même ? Partout la femme doit préférer régner seule sur le cœur de son mari. Les Mormones, par contre, élevées souvent dans de tout autres idées, sont pour moi une énigme que je ne m'explique que par la supposition qu'elles sont toutes si affreusement laides ou dépourvues de charmes, qu'elles se voient forcées, afin de ne pas coiffer Sainte-Catherine, de se contenter d'une minime fraction d'un époux. Quant à moi, j'aimerais autant partager un mari en cent, que de me contenter d'une part !

Félicitons-nous donc que la bigamie soit

défendue par nos lois, et que nous autres femmes nous ne soyons pas gardées en cage comme des oiseaux ! On a beau vanter l'influence des femmes en Egypte, dire que l'homme est leur esclave, et que la femme y fait plus que partout ailleurs « à sa petite tête de linotte », je ne voudrais pas échanger notre sort avec le leur.

D'un autre côté, je suis sûre que les Orientaux qui voyagent et qui peuvent constater comment en Europe la femme abuse souvent de sa liberté, qui jugent de nos mœurs d'après les pièces de théâtres, telles que Paris, et même Londres maintenant, se plaisent à les mettre sur la scène, où il n'y a guère que la femme infidèle qui soit intéressante, ces Orientaux doivent s'écrier du fond du cœur : « Bénis soient nos harems ! »

IX

UN DINER TURC

Au retour du harem une surprise m'attendait. Un domestique turc en costume national (turban de soie, robe de chambre et pieds nus) se présente à la porte du salon et dit un mot à notre hôte. Celui-ci se lève et nous invite à le suivre dans la salle à manger. Là se trouvaient deux autres serviteurs, de grands et beaux spécimens de la race ottomane et derrière eux, notre ami Abdou, souriant de notre étonnement.

« Nous allons dîner à la turque, dit notre frère, et il s'agit de faire les choses en règle et sérieusement. Vous allez me regarder, et faire exactement comme moi. »

Un des domestiques s'avance vers son maître, tenant sur une main un splendide bassin en bronze incrusté d'argent, et de l'autre une gracieuse aiguière de même métal. Les mains de D. Bey placées sur le bassin, le domestique soulève l'aiguière et les arrose de l'eau qui aussitôt disparaît par un treillage dans un double fond. Un second domestique lui tend une grande serviette turque, embellie d'une large bordure d'or. Chacun fit à son tour ses ablutions, après quoi nous nous mîmes à table, conservant ces mêmes serviettes. Un plateau rond, d'un rouge éclatant, à grands dessins dorés, couvre complètement la table ; une douzaine de petits plats à hors-d'œuvre, contenant des radis, des salades, des fruits de toute espèce, forment sur le plateau un cercle extérieur, au milieu duquel fume un potage au riz.

Nos places sont indiquées par une galette ronde et plate, de la grandeur d'une petite assiette, par une cuiller en corne et un verre.

Du bout des doigts notre hôte retire délicatement de la soupe un petit poulet, qu'il place sur une assiette, et nous mangeons le potage à la gamelle. C'est, vu la distance de la soupière, un tour de force, de ne rien laisser tomber en route, mais chacun fait preuve d'une adresse surprenante.

Depuis le commencement jusqu'à la fin du repas, un domestique est exclusivement occupé à chasser, avec un élégant balai de feuilles de palmiers, à manche d'ivoire, ces petites mouches égyptiennes qui sont d'une impertinence et d'une persévérance inconnues chez nous. Un autre serviteur veille sur nos verres et nous verse de cette délicieuse eau du Nil, dont on ne peut jamais trop boire. Les gargoulettes renfermant le seul liquide admis dans le repas turc sont d'une terre grise poreuse ; elles reposent dans de petits bols de porcelaine et l'eau qui filtre lentement au travers de leurs parois s'évapore à mesure, conservant le contenu à une agréable fraîcheur. Abdou, l'œil fixé sur son maître, épiait ses moindres désirs et semblait même les deviner d'avance.

Après la soupe, mon beau-frère se sert de poulet et montre beaucoup d'habileté à détacher d'une seule main de petites portions adaptées à la grandeur de sa bouche. Nous tâchons d'en faire autant, et tous les trois nous gardons un magnifique sérieux, qui étonne évidemment Abdou. Mais notre gravité ne résiste pas quand mon beau-frère, après avoir roulé du bout de ses doigts un morceau de blanc de poulet, me le met dans la bouche en me disant : « Puisque je vous aime, ma belle-sœur, permettez-moi de vous témoigner mon amitié à la manière turque. » J'acceptai de bonne grâce cette aimable attention, qui m'avait pourtant prise à l'improviste, mais il est bon d'ajouter qu'à un dîner turc, un vrai Turc n'a guère le bonheur de dîner avec sa belle-sœur, et ce ne pourrait être que des mains de son mari, de son père ou de son frère qu'une musulmane recevrait une pareille marque de tendresse.

Pour le second plat d'entrée nous avons des biftecks en miniature, cuits à la brochette auxquels nous faisons honneur en les accompagnant de notre excellente galette, et en nous servant *ad libitum*, chacun à sa fantaisie, des fruits et des salades qui garnissaient la table. Un morceau de pastèque, quelques grains de tchaouch usume (raisins de Constantinople) une datte fraîche ou des figues, un peu de concombre, ou une pincée de salade aux tomates mêlées de fines herbes, ne font que relever l'appétit et tout en causant ou en attendant la suite des différents plats, c'est un agréable passe-temps que de picoter à droite ou à gauche tout ce que l'œil peut convoiter.

A cet usage oriental, j'ai reconu que l'instinct qui porte nos enfants européens à désirer le dessert avant la fin du dîner n'est point si bizarre.

Voici des bamias en sauce, c'est une espèce de petite aubergine verte ; mais avant d'oser plonger les doigts dans ce plat de légumes, j'attends prudemment pour voir procéder celui qui n'est pas novice dans l'art de manger à la turque.

Il déchire un petit morceau de sa galette, le trempe dans la sauce et l'ayant trouvée de son goût, il a recours à un second morceau, sur lequel il appuye un peu de légume, en le tenant entre le pouce et l'index. Voyant cette manœuvre réussir, je me mets de la partie, et trempant mon pain dans le plat je péchai avec un grand succès bamias après bamias.

Cette manière de manger explique les paroles de Jésus-Chr st à son dernier repas avec ses disciples. Lorsqu'il fit allusion à celui qui devait le trahir, il dit : « C'est celui à qui je donnerai le morceau trempé. »

Après la pêche aux bamias, nos rudes serviettes ne sont plus d'une blancheur irréprochable, cela se comprend ; elles nous rappellent le linge de table qu'un aubergiste montagnard nous présenta une fois dans un petit hôtel de la Savoie et qui donna lieu au dialogue suivant : « Monsieur, ces serviettes ne sont pas propres. — Pardon, madame, on vient de les laver, ce sont *des taches naturelles.* »

Ah !... une pièce de veau d'un beau roux, entourée d'une sauce, dans laquelle nagent — si mes yeux ne me trompent pas — des raisins de Malaga et des amandes ! Cela devient inquiétant. Je répète à haute voix le précepte dont il est bon de se souvenir en tout temps :

« Essayez de toute chose, et retenez ce qui est bon; » le courage me revient ! Mais le rôti n'est pas découpé, et nous ne pouvons cependant le déchirer comme des chiens. Abdou comprend le regard de son maître et donne l'ordre à un des Turcs de faire son devoir. En un clin d'œil, les cinq doigts d'une main noire s'appliquent sur le veau et le tiennent ferme pendant que l'autre main munie d'un couteau tranche le rôti.

Cette viande n'est point du tout mauvaise, malgré les raisins et les amandes et malgré la main qui l'avait saisie. Mon beau-frère répète sa phrase de prédilection : « Il ne faut pas avoir des préjugés dans ce pays, » ce qui veut dire :

« Ne vous scandalisez de rien, nous mangeons comme des Turcs, il faut bien que les domestiques nous servent à la turque. »

Vient ensuite le pilaw, riz très-peu cuit et coloré aux tomates. C'est le plat national de l'Egypte, mais pour le manger les indigènes eux-mêmes font un pas vers la civilisation européenne et se servent de cuillers. Il fut suivi d'une pâtisserie feuilletée aux amandes, baignée d'un sirop rose et parfumé. Ce mets était si délicieux que l'eau m'en vient encore à la bouche ! Je croyais être au bout du dîner après ce plat doux, mais erreur ! nous n'étions qu'au milieu ; mouton, bœuf, gibier, volailles sous toutes les formes et à toutes les sauces, entremêlés de pâtisseries variées et de nouveaux légumes, le tout assaisonné de cannelle, d'eau de rose, de poivre et d'autres épices, se succédaient sans fin, et il faut savoir que dans un dîner turc il ne s'agit pas de choisir et de laisser ; l'étiquette veut qu'on goûte de tout, de sorte qu'à la fin on peut bien sympathiser avec le petit garçon, qui, ayant trop abusé du plumpudding dit à sa mère en poussant un gros soupir : « Je sens, mère, que ma veste est boutonnée ! »

Par une infraction à la règle orientale le sorbet fut remplacé par du Champagne, après lequel nous n'étions point fâchés d'apprendre que le festin était arrivé à son terme.

Mon beau-frère recule alors sa chaise, place sa serviette sur ses genoux et recommence de plus belle ses ablutions. Se penchant sur le bassin, qu'un domestique à genoux tenait devant lui, pendant qu'un autre lui versait de l'eau à discrétion, il se savonne les mains, la moustache et la barbe, et après les avoir passées à l'eau claire, il se rince la bouche, se frotte les dents avec l'index, comme s'il avait été seul dans son cabinet de toilette, et tout en s'essuyant avec sa serviette il nous recommande de continuer à l'imiter jusqu'au bout.

Cette excellente habitude explique peut-être la beauté des dents des Orientaux, car le pauvre aussi bien que le riche ne néglige jamais ces sages prescriptions de Mahomet.

Au salon on nous servit le café obligatoire et des cigarettes, mais après mon expérience du matin je m'abstins de ces dangereux narcotiques. Nous sommes enchantés de savoir ce qu'est un dîner turc.

C'est bien pour une fois de manger sauces, sirops, pâtisseries et fricandeaux de cette manière primitive, mais j'avoue avoir appris par là à mieux apprécier à sa juste valeur l'invention des couteaux et des fourchettes.

Cette petite comédie termina joyeusement notre séjour au Caire.

XII

D'ALEXANDRIE A CONSTANTINOPLE

Nous voilà de nouveau à Alexandrie. Pour nous consoler de notre départ du Caire, on nous assure que celui qui a goûté de l'eau du Nil en boira encore. Ce n'est pas l'envie qui nous en manquera ! Pendant ce second séjour, nous avons été les hôtes d'une aimable famille à Ramleh, le Brighton de l'Egypte, petite station de bains de mer, à une heure d'Alexandrie, où le vice-roi, les pachas, et quelques riches commerçants ont de luxueuses campagnes, dont les abords sablonneux seraient assez pénibles sans le secours des petits ânes si habitués à trotter dans ce terrain mouvant.

Les splendides jardins de Nubar-Pacha et la remarquable collection d'antiquités égyptiennes de M. Sinadino, méritent une mention spéciale et nous les recommandons à l'attention des voyageurs qui pourraient suivre nos traces.

Jeudi 19 août. Depuis quelques heures, Alexandrie est derrière nous. Nous sommes à bord du « Béhéra », en partance pour Athènes, Smyrne et Constantinople. Notre billet porte, comme j'ai déjà eu l'occasion de le dire, Mr. D. et harem. Heureusement ce titre ne m'oblige pas à me réfugier avec une douzaine de pauvres femmes sous la misérable tente qui jouit aussi de ce nom, et qui, dans tous les navires orientaux, occupe la moitié du pont des premières. Cet établissement ne se compose que de quelques planchers inclinés et des seuls objets de literie que les passagères apportent avec elles. — Puisqu'il n'y a que des femmes pauvres qui voyagent, le harem sur mer est réduit à sa plus simple expression.

Les éléments ne semblent pas disposés en notre faveur ; un vent contraire soulève d'énormes vagues qui se heurtent et se brisent contre notre bateau, nous aspergeant de leur écume blanche et salée. Le « Béhéra » descend dans les vallées de l'océan pour remonter et replonger sans cesse et les figures des passagers annoncent la terrible maladie, dont ils commencent à être victimes. On voudrait rester sur le pont pour admirer cette scène grandiose, mais la lutte est inutile et l'un après l'autre se déclare vaincu. Les sofas du petit salon sont pris d'assaut et nous voilà tous recherchant une position horizontale et renonçant bien à regret à la liberté de nos mouvements.

Un vieux pédagogue français, professeur de géographie à Mostaganem, le premier malade est cependant le dernier à se rendre. Il voyage son « Pausanias » à la main dans le seul but de voir de ses yeux les scènes classiques, dont depuis sa jeunesse il a rempli son cerveau, afin de pouvoir dire à ses élèves «J'ai vu, de mes yeux vu.» Héroïquement il se cramponne aux câbles, aux bouées, aux bancs du navire, luttant contre les atteintes du mal, les yeux toujours fixés sur les côtes jusqu'à ce qu'elles aient disparu. Son devoir accompli, il se retire à son tour, et le pont est abandonné au capitaine et aux matelots, à ces vieux loups de mer qui ne craignent ni vents ni tempêtes.

Cette agréable situation dura deux jours et deux nuits ; celles-ci surtout nous paraissaient interminables.

Le correspondant du « Graphic » à l'Exposition de Paris a donné, sur sa traversée, la description suivante qui s'applique à notre situation : « Sommeil impossible ; essayé dix-neuf positions différentes ; jambes inutiles à bord, font seulement glisser et tomber. Horrible bruit d'hélice quand elle sort de l'eau, s'affole et tourne à vide dans l'air. » Comme lui nous nous écririons volontiers : « Saint Edison, empêchez les bateaux de rouler et les hélices de s'affoler ! »

Pour la seconde fois, minuit sonne sur le « Béhéra » et nous sommes toujours sur les banquettes du salon. Mais la porte s'ouvre ; on appelle le docteur. Celui-ci se lève, et marchant un peu comme un homme ivre, il suit l'ombre qui l'appelle. Il y a sans doute quelqu'un de malade, mais nos pauvres têtes recherchent leurs oreillers, et nous nous félicitons de ne pas être médecin. Qu'est-il arrivé ? — C'est un bébé qui demande à entrer dans le monde, qui va prendre sa place dans le tumulte de la vie, et devenir un passager visible du Béhéra, un membre de plus dans le harem. C'est ainsi que le docteur a pu franchir le seuil de cet asile sacré, pour porter secours à une jeune mère, qui aurait sans doute bien préféré accoucher sur terre ferme. Pauvre femme !

C'est une Grecque, qui venait de perdre son mari à Alexandrie et retournait à Syra, espérant déposer son précieux fardeau dans la maison paternelle. Aux premières douleurs, une charitable voisine appelle au secours. On cherche le médecin du bord, qui, chargé officiellement de la police sanitaire, répond qu'il ne connaît rien à ce genre de maladie. « Iatros ? » (médecin) s'écria la pauvre malade à l'arrivée du docteur sous la tente. « Iatros, » répond celui-ci affirmativement. Là se borna la conversation, car le docteur ne connaît pas le grec moderne et la patiente ne comprend pas davantage le grec ancien.

Le calme succède à l'orage. A mesure que nous approchons des côtes de la Grèce, le mouvement du bateau diminue. Nous reprenons possession de nos jambes.

Malheureusement nous avons un retard de plusieurs heures, et notre visite à Athènes est singulièrement compromise.

« Nous n'aurons, dit le capitaine, que trois à quatre heures pour toucher terre ; juste le temps de prendre du charbon. Trois heures pour faire une course au clocher à l'Acropole ! »

Nous jetons l'ancre au Pirée à 3 heures du matin.

Deux passagers seuls se décident à se joindre à notre escapade, un Arménien et un Grec, familier depuis son enfance avec chaque pierre de l'ancienne Athènes, et qui s'offre avec beaucoup de complaisance à nous servir de guide.

Nous trouvons heureusement sur le quai une voiture tout attelée, seul véhicule visible à l'horizon et dont je bénis encore le souvenir. Une belle lune éclaire la route poudreuse qui du Pirée conduit à l'Acropole. Nos petits chevaux vont comme le vent. Nous sommes joyeux comme quatre écoliers en vacances ! Vers le milieu de la route, notre équipage s'arrête brusquement ; le cocher prétend qu'il faut laisser souffler les chevaux, ce qui signifie que leur maître a envie de prendre un verre de mastic ou de raki (l'absinthe de l'Orient).

Cela nous rappelle que nous devons avoir faim, n'ayant rien pris depuis deux jours, et sous peine de perdre cinq minutes au Parthénon nous avalons rapidement un frugal déjeuner. Je ne sais s'il était bon, toujours est-il qu'il nous parut excellent, malgré la misérable apparence du cabaret. Mais les minutes sont précieuses, fouette cocher ! Jetons en passant un regard rapide au temple de Thésée, qui rappelle celui de Neptune à Pœstum, et réveillons le gardien de l'Acropole, qui dort tout vêtu de sa fustanelle de ses bottes et de son bonnet phrygien. Je n'aime pas les hommes en jupes ! — Il arrive en se frottant les yeux, et a l'air très-étonné de voir des visiteurs à cette heure matinale.

Je ne décrirai ni les Propylées, ni le Parthénon, ni l'Erechtée, cette merveille d'architecture, où l'amour de lord Elgin pour une des célèbres cariatides fut si peu platonique qu'il alla jusqu'à l'enlèvement. Un artiste moderne a fait de son mieux pour réparer cet acte de vandalisme britannique, mais la nouvelle statue, malgré tous ses mérites, ne fait que constater l'impuissance de l'art moderne

à lutter avec celui de l'ancienne Grèce.

Aucune description ne vaut un coup d'œil même rapide comme celui auquel nous étions condamnés, surtout lorsque l'on peut contempler du haut de l'illustre colline un splendide lever de soleil dont les premiers rayons réchauffent les marbres déjà rosés par l'action des siècles.

Notre guide est dans son élément au milieu de ces ruines, de ces colonnes, de ces chapiteaux, de ces frises et de tous ces précieux blocs dont le sol est jonché.

Il nous montre ici le Pnyx où Démosthène prononça ses célèbres harangues ; là l'emplacement où Socrate but la ciguë : plus loin l'amphithéâtre, et dans le lointain le Lycabette, l'Hymette, la plaine de Marathon et la baie de Salamine qui s'étend jusque vers Eleusis.

«Jamais, dit-il, je n'ai vu l'Acropole si belle qu'aujourd'hui ! » Et il paraissait avec raison amoureux du berceau de ses ancêtres. Nous avons encore le temps de parcourir en voiture une partie de la nouvelle Athènes qui, du reste, n'a rien de remarquable et nous arrivons à la gare assez tôt pour profiter du premier train, qui, dès six heures du matin, se rend toutes les demi-heures au Pirée pour y conduire les nombreux amateurs de bains de mer. A la sortie de la gare, on signale le départ du « Béhéra ; » son sifflet aigu arrive jusqu'à nous. L'Arménien, chargé d'affaires importantes à Constantinople, s'agite ; le Grec, plus pratique, s'élance dans une voiture, où nous le suivons, et en quelques instants le cocher nous dépose sur le quai. Les roues de notre bateau battent déjà l'eau, mais le capitaine, voyant nos signes s'arrête, et avoue plus tard que son départ sans nous n'était pas sérieux.

Grâce au ciel, la mer est bien disposée, et quoiqu'elle soit admirable lorsqu'elle s'agite, nous l'aimons mieux au repos. Chacun jouit de pouvoir rester sur le pont, et la langue muette depuis deux jours reprend ses droits.

A table toutes les nationalités, et par conséquent tous les goûts sont représentés. Le cuisinier turc s'efforce d'être cosmopolite et de contenter tour à tour chacun des convives.

Ce qui fait le bonheur de l'un, dégoûte l'autre ; le Français déclarant *détestable* ce qui est un régal pour un fils de l'Afrique, le beurre que celui-ci trouve *délicieux* n'est pour l'autre que *du suif sentant le bouc* ; et le jambon, mets favori des Européens, est un plat *immonde* pour les Orientaux comme pour les Israélites.

« Il y a certaines choses , me dit, B. L. Effendi, mon voisin de table, auxquelles je ne toucherais pas pour un empire , par exemple du lapin.—Monsieur, permettez-moi de vous dire, que vous venez justement de vous en régaler. » Il ne pouvait en croire ses oreilles, et en référa au capitaine, qui confirma mon assertion. A partir de ce jour, l'Effendi eut soin de s'enquérir exactement du menu.

Un bon gros cafedji levantin, à la figure réjouie et dont les larges culottes rouges ne masquent pas les jambes poilues , paraît heureux de nous voir revenus à un état qui nous permit d'apprécier ses talents à sa juste valeur.

Les matelots, de braves musulmans, nous donnent l'occasion d'étudier à loisir le cérémoniel de leurs dévotions. Je ne me lassais jamais d'admirer leurs génuflexions et leurs prosternations accomplies d'un air grave et recueilli sur un petit tapis consacré à cet usage. La boussole leur indiquait la direction de la Mecque.

Dans l'après-midi, nous touchions à Syra, la reine des Cyclades. Des matelots descendent avec un soin tout particulier la pauvre jeune mère et son enfant, pour les déposer à l'hôpital où l'accompagnent nos meilleurs vœux , ainsi qu'une jolie somme d'argent récoltée parmi les passagers. Tous, nous mettons pied à terre, attirés par la beauté de la ville dont les maisons, d'une blancheur éblouissante , sont adossées à une colline très-escarpée et forment un grand triangle dont la base descend jusqu'à la mer.

On aurait envie de gravir ces rochers arides, d'explorer tous ces gradins superposés ; mais pour cela, il faudrait plus d'une heure. L'intérieur de la ville basse est d'une propreté réjouissante, les rues sont larges et pavées de grandes dalles blanches. Les cafés y abondent et les riches magasins attestent les rapports que Syra entretient avec les trois continents. Nous faisons provision de « rahat-loucoum », pâté molle et sucrée, parfumée avec différents fruits , que les Orientaux consomment entre les repas, en l'arrosant d'un verre d'eau. Cette boisson est rare à Syra, et on se demande comment cette île était autrefois renommée pour sa fertilité. Aujourd'hui un verre d'eau coûte cinq centimes, ce qui n'est pas trop cher lorsqu'on sait que des ânes sont les seuls aqueducs du pays. Les immenses grappes de raisins et les belles figues dont nous nous régalons attestent pourtant qu'il doit se trouver quelque part dans l'île des terrains fertiles et bien cultivés. Les bateliers nous rappellent et quelques coups de rames nous ramènent sur le « Béhéra ».

Nous voguons de nouveau sur l'Archipel laissant derrière nous Paros et ses marbres blancs, saluant de loin Tinos et Andros, jusqu'à ce que le sommeil nous réclame. — A 4 heures du matin, nous jetons l'ancre devant Chios.

Le bruit des chaînes réveille tout le monde, et les premières lueurs de l'aurore nous dévoilent de vieilles fortifications au bord de l'eau ; des maisons groupées sur de ravissantes collines, dominées par des mosquées et des minarets, sont coupées par la douce verdure argentée des oliviers parsemés de quelques noirs cyprès. Derrière nous apparaissent les côtes riantes de l'Asie-Mineure.

Bientôt nous nous engageons dans le golfe de Smyrne ; on se croirait sur un grand lac. La mer est superbe, bleue, claire et transparente comme le Léman. De nombreux dauphins sautent hors de l'eau, poursuivant notre navire, avec lequel ils semblent vouloir lutter de vitesse. Quelle animation ! De tous côtés on aperçoit des bricks, des goélettes, des barques à voiles, même des vaisseaux de guerre. Ni le beau golfe de la Spezzia, ni celui de Naples ne peuvent rivaliser avec l'incomparable baie de Smyrne. Tous les regards sont dirigés vers la Cité des Roses, dont nous commençons à entrevoir les majestueux contours, au pied de collines tantôt boisées, tantôt sablonneuses. Mon cœur européen bondit de joie à la perspective de toucher la terre d'Asie.

En voyage on est plus curieux qu'à la maison, on a le temps de s'intéresser à ses voisins, chacun veut savoir d'où l'on vient, qui l'on est, où l'on va. Ainsi nous découvrons qu'un vieux Monsieur, qui s'est embarqué à Chios, est l'oncle d'un de nos amis d'Alexandrie. Nous acceptons l'aimable hospitalité qu'il nous offre à Smyrne et après avoir dégusté chez lui une excellente tasse de café accompagnée du narghilé de rigueur, nous profitons de son domestique polyglotte, qu'il veut bien mettre à notre service, pour parcourir la ville.

Shakspeare a dit : « Distance lends enchantment to the view. » C'est bien le cas pour Smyrne, qui est plus belle de loin que de près. Cette immense ville, dont les rues étroites sont peuplées d'une foule bigarrée, de toutes les nationalités, est aussi sale que Syra est propre. Sauf dans le quartier des Francs, les maisons de bois présentent un aspect assez misérable.

Le bazar aux ruelles petites et sombres recouvertes de poutres de bois, entre les interstices desquelles ne pénètrent que quelques rayons de lumière, a beaucoup moins de cachet que celui du Caire, et la grande abondance d'objets européens indigne le voyageur, qui recherche la couleur locale. Le costume des femmes juives est assez particulier. La poitrine est à peine couverte d'une mousseline transparente ; elles portent un grand voile blanc qui laisse la figure découverte et dont elles s'enveloppent comme d'un manteau. De larges œillères en fil de fer recouvertes de tulle noir sont très à la mode dans une partie de la population féminine ; le bonnet des sœurs de Saint-Charles est évidemment un dérivé de cette coiffure peu flatteuse. Nous faisons emplette d'un beau tapis brodé, d'un petit pot de mastic de Chios, et après avoir rempli un immense panier de figues et d'autres fruits superbes, nous quittons la terre fertile de l'Asie pour continuer notre route.

Vers le matin, toujours favorisés par la mer et le vent, nous longeons les côtes de la Troade, et quelques taupinières que nous voyons dans le lointain doivent être, suivant la tradition, les tombeaux du bouillant Achille, de son ami Patrocle, et des deux Ajax. Bientôt nous atteignons les Dardanelles, ce long détroit à peine plus large qu'un grand fleuve qui sert de trait-d'union entre l'Archipel et la mer de Marmara.

C'est aux Dardanelles que les vaisseaux qui n'ont pas « patente nette » doivent faire quarantaine. Heureusement nous ne portons pas le pavillon jaune, et dans une heure nous marcherons vers Gallipoli. Nous faisons halte entre les deux forts qui ferment l'entrée du détroit. Ce sont des ouvrages formidables, armés de nombreux et puissants canons, sous le feu desquels il serait difficile de passer.

Aujourd'hui tout est paisible et la troupe indigène qui prend d'assaut notre navire se compose de marchands de fruits et de poteries vernies et dorées à forme d'aiguières antiques, dont nous emportons quelques spécimens.

Nouvelle halte à Gallipoli. Ici, le médecin du bord doit descendre pour faire signer ses papiers ; il nous engage à l'accompagner. Le plus grand établissement de l'endroit est un café, situé sur la jetée, où nous avons de la peine à trouver trois chaises solides. La ville consiste en quelques maisons de bois assez pittoresquement groupées autour du port qui, évidemment, fournit à lui seul tout le travail d'une population peu nombreuse, composée surtout de bateliers et de pêcheurs.

Toute la nuit nous voguons sur l'immense mer de Marmara, que d'après les cartes on pourrait croire beaucoup plus petite, et le lendemain matin à cinq heures et demie les premiers rayons du soleil dorent la coupole de Sainte-Sophie et les minarets de Constantinople.

XIII
CONSTANTINOPLE

Chacun sait, pour l'avoir lu, et relu que la vue générale de Constantinople est une des plus belles du monde. Nous, du moins, nous ne connaissons rien qui égale la beauté de ce panorama, si ce n'est l'extrémité orientale du lac de Genève avec les montagnes de la Savoie et les Dents du Midi.

L'invasion de notre bateau par un essaim de polyglotte, comme celui qui nous a accueillis au Caire, vient couper court à notre enthousiasme.

Jugeant sur l'apparence, malgré le proverbe, nous nous confions, nous et nos bagages, à un petit drogman grec, à l'air intelligent et qui ne parle pas mal le français. Son canot nous emmène à la douane de Galata ; il glisse quelques pièces d'argent dans la main d'un fonctionnaire galonné sur toutes les coutures, qui, grâce à ce procédé, intelligible dans tous les pays, ouvre et ferme nos malles pour la forme. Un « hammal », c'est ainsi que l'on appelle un individu à la fois homme et bête de somme, porteur d'un bât semblable à celui des ânes du Caire, charge sur son dos tout notre bagage que n'auraient pas voulu porter deux commissionnaires français.

Courbé sous ce lourd fardeau, il nous suit jusqu'à Péra en grimpant une petite ruelle étroite, rapide et si négligée qu'on pourrait la prendre pour le lit d'un ruisseau desséché.

En dix minutes, nous arrivons à l'hôtel du Luxembourg, dont nous ne voulons pas médire, parce que c'est un des meilleurs de la ville. C'est un grand bâtiment situé dans la principale rue de Péra, où bien des édifices ne sont pas comme celui-ci bâtis en pierre, ni d'un aspect aussi civilisé.

Disons en passant que dans le court trajet que nous venons de faire, nous avons dû plus d'une fois choisir la place de nos pas pour ne point déranger un des nombreux chiens plus ou moins galeux, qui établissent leur progéniture dans tous les creux du chemin, et constatons qu'il n'y a rien d'exagéré dans les descriptions que nous avions lues sur le rôle si important que ces animaux jouent à Constantinople. On sait que ces bêtes appartiennent à une race particulière qui tient le milieu entre le chacal et le renard; ils n'ont pas de propriétaire, mais ils sont vénérés par la population musulmane, et je pourrais citer tel directeur d'un musée européen qui aurait un payer cher l'envie qu'il eut d'emmener avec lui un de ces animaux. On sait aussi que la liberté dont ils jouissent les préserve de la rage, et qu'en échange de tous les égards que l'on a pour eux, ils se chargent de la police sanitaire de la ville en enlevant toutes les immondices.

Lorsqu'on voyage par mer, les horaires ne permettent pas comme pour les chemins de fer de choisir entre plusieurs départs dans la journée. Comme le bateau que nous devons prendre pour Varna ne part que tous les vendredis à 4 heures, il nous faut ou voir Constantinople en trois jours, ou y consacrer plus d'une semaine, ce qui nous est impossible. Notre drogman fait donc nos plans en conséquence et va sans plus tarder nous chercher une voiture à la journée. En attendant, nous jouissons de la lecture de notre courrier, car depuis le Caire nous étions sans nouvelles.

Ce serait lasser le lecteur que de le faire suivre pas à pas nos pérégrinations pendant les trois jours que nous avons employés à parcourir Constantinople dans toutes les directions, à pied, en voiture, à vapeur et à rames. Il suffit de répéter ce que tous les voyageurs ont déjà constaté que cette ville gagne peu à être examinée de près, et, quant à nous, nous l'avons quittée sans trop de regrets. Nous étions, il est vrai, blasés par le Caire ; fraichement débarqués de cette ville, la foule bigarrée de Constantinople ne vous étonne plus ! Le ciel y est moins bleu, l'air moins pur, l'eau moins légère et le café détestable. La végétation, sauf les cyprès, est moins saisissante ; la population moins sympathique, le bazar voûté et dallé, à cause des pluies et des neiges, a moins de cachet méridional ; bref, à part la position unique de cette ville, les vues superbes dont on jouit de tous les côtés sur le Bosphore, à part le costume des femmes, plus gai, grâce aux couleurs variées des féredjés et à leur léger voile de mousseline, la comparaison entre les deux capitales est toute en faveur de la ville du Khédive. Nous regrettons de n'avoir pu, à cause de l'horaire des bateaux, renverser l'ordre de nos plans, descendre le Danube au lieu de le remonter, et visiter Constantinople avant le Caire. Il faudrait toujours garder la bonne bouche pour la fin.

Mon grand désir était de voir les derviches à l'œuvre, de jeter un regard sur le Commandeur des croyants, de voir l'intérieur d'un bain turc, sans négliger pour cela le vieux sérail, Sainte-Sophie, quelques autres mosquées, les cimetières, le château des Sept tours et les îles des Princes.

C'est aujourd'hui mercredi, le seul jour où l'on obtient à la Sublime-Porte (moyennant une livre turque, vingt-deux francs) le firman qui autorise à visiter Sainte-Sophie et les autres mosquées ; heureusement pour nous, c'est le jeudi que hurlent les derviches, le vendredi que le sultan se montre aux yeux du public en se rendant à la mosquée pour y faire ses dévotions, et c'est également ce jour-là que les autres derviches se livrent à l'élégant exercice de la danse.

Giovanni, notre guide, met son amour propre à nous faire voir autant que possible dans le court espace de temps que nous lui accordons, et nous lui savons gré de son intelligente activité.

Il est toujours bon, pour étudier une ville, d'explorer d'abord les alentours, on s'oriente ainsi plus facilement ; aussi commençons-nous par une promenade autour des anciennes fortifications, dont les fossés sont aujourd'hui transformés en jardins potagers. Notre route nous conduit naturellement dans les cimetières qui envahissent tous les terrains vagues des environs.

Ce sont les glacis, les promenades habituelles des musulmans, le bois de Boulogne de Constantinople où les habitants aiment à venir se reposer à l'ombre de cyprès gigantesques, au milieu des tombeaux qui n'éveillent chez eux aucune idée triste. Il n'est pas surprenant qu'une si grande étendue de terrain soit consacrée à cet usage, si l'on se rappelle que c'est un sacrilège pour un musulman de toucher à la dernière demeure de ses aïeux.

Il y a quelques années seulement, au risque d'exciter une révolte, le sultan pour la première fois fait tracer une route au travers d'un de ces asiles de la mort. Ces scrupules sont exagérés ; car il est évident que les morts prennent ainsi la place des vivants et gênent le développement de la ville, mais ce respect excessif des sépultures n'est-il pas préférable à la coutume qui existe dans plusieurs villes de la Suisse de remuer les tombes après une espace de quinze ou vingt ans, et de rendre aux parents les monuments funéraires ? Nous nous rappelons d'avoir été choquée par une dalle de marbre, dont on avait fait une table de jardin et sous laquelle on pouvait lire encore : « Chère Victoire, adieu ! »

Sur la ligne des fortifications, se trouve le château des Sept Tours, appelé aussi la prison des ambassadeurs, parce que autrefois, au commencement d'une guerre, les représentants des puissances ennemies y étaient en-

fermés sous bonne garde. Aujourd'hui ce
n'est plus qu'une immense ruine de maçonnerie, envahie par le lierre et les chauves-souris et dont les murailles sont d'une si formidable épaisseur que les pauvres prisonniers
en y entrant pouvaient bien prononcer les
paroles du Dante : « Lasciate ogni speranza
voi che entrate. »

Giovanni nous ramène en ville et nous propose de faire une halte de quelques minutes
devant le premier bain turc venu. — Si c'est
un établissement pour les femmes, madame
descendra; si c'en est un pour les hommes le
spectacle sera pour monsieur. Le sort me fa-
vorisa.

Tout le monde sait à peu près ce qu'est un
bain turc, mais chacun n'a pas franchi le
seuil d'un de ces établissements qui se comptent par centaines dans la capitale de la Turquie. Celui que je visitai se trouve à Galata
quartier démocratique de la ville. Introduite
derrière le rideau, qui sépare d'un petit cor-
ridor donnant sur la rue deux salles sur-
montées de coupoles, du haut desquelles
quelques petits verres colorés projettent les
couleurs de l'arc-en-ciel, je me trouve dans
la première salle, le parvis du sanctuaire. Ici
quelques femmes perchées sur de méchants
divans adossés contre les murs et élevés sur
une estrade à quelques pieds du sol, sont en
train les unes de se débarrasser de leurs vêtements, tandis que d'autres attendent leurs
amies les épaules seules couvertes d'un petit
linge de bain. Une grosse femme, maîtresse
en chef de l'établissement, fait clapoter ses
hauts patins de bois en s'approchant de moi
pour m'aider à me délivrer de ma toilette.
«Non, non, non, lui dis-je en me défendant,
je veux seulement voir. » Mais elle ne comprend rien à ce genre de fantaisie, et en riant
de ma résistance elle me poursuit clopin-clo-
pant jusque dans la rue pour écouter l'expli-
cation de Giovanni.

Alors, munie d'une paire de patins, je pus
traverser les dalles mouillées de la première
salle, pour me trouver dans le bain propre-
ment dit. Il y fait e fois est : [illegible] ropicale. [illegible] qu'elle
été le cas ou jam [illegible] les baignes t en
avec la phrase [illegible] Mesdames, comment transpirez-vous ? Mais grâce à mon
ignorance, je dus me taire.

Une douzaine de filles d'Eve, nues comme
l'était notre mère commune avant de s'être
livrée à la couture des feuilles de figuier,
grouillent pêle-mêle sur le marbre blanc,
ruisselant d'eau. — Les unes se peignent,
d'autres se tressent de longues nattes lui-
santes, collantes et noires comme le jais, d'autres se frictionnent les membres, tout en ja-
sant comme des pies, et toutes rient de bon
cœur de me voir bouche béante en face
d'elles. Un robinet verse de l'eau froide et
claire dans un bassin fixé dans le mur, autour duquel de petits bambins des deux sexes,
de vrais amours, vont et viennent remplissant
de jolis bols de cuivre qu'ils vident sur le dos
de leurs mère, grand'mère, tante ou sœur.
Il faut dire la vérité, il n'y a pas une belle
femme dans le nombre de ces naïades ; bien
au contraire, je n'ai jamais su jusqu'à ce jour
combien nous devons à nos vêtements; jamais je n'ai mieux compris leur but et leur
valeur, qui est certainement tout autant de
masquer de vilaines formes que d'obéir à nos
notions des convenances.

Une grosse virago, sérieusement occupée
à arranger sa chevelure, me fait l'effet d'un
hippopotame et pendant quelques semaines
le souvenir désagréable de ces chairs molles
et difformes me hantait partout.

J'en conservai pendant longtemps la manie
de ne pas regarder une femme sans me la
figurer dans cette salle de bain, dépourvue
de ce mensonge qui s'appelle la toilette. Mes
moments sont trop limités, pour assister à
des massages, je n'ai rien vu de ces frotte-
ments qui ont pour effet de peler le patient
comme on pélerait une pomme de terre nouvelle. Je sors de cet établissement convaincue
que la femme et la beauté ne sont pas syno-
nymes, comme le feraient croire les poëtes
et que celui qui a inventé les vêtements n'a

... ue si m... ... peut-êt.. ... ... de la description des mosquées ... ... e ferai grâce au lecteur des détails de celles de Constantinople dont les coupoles et les minarets se comptent par milliers. Nous visitons à Stamboul les trois principales : celles de Sainte-Sophie, d'Achmed et de Soliman. La première, qui surpassait dans ses jours de splendeur le temple de Salomon, porte aujourd'hui encore les traces des guerres de religion et des luttes acharnées dont elle fut le théâtre, et c'est avec un grand orgueil que le musulman montre aujourd'hui au chrétien sur la coupole principale un gigantesque croissant au lieu de la célèbre croix d'or qui ornait l'autel de Justinien.

Dans la mosquée d'Achmed, la plus belle à mon avis, un vénérable Cheik à longue barbe blanche coiffé d'un superbe turban de soie rayée, fait du haut de sa chaire un sermon à une vingtaine de femmes, voilées et groupées à ses pieds sur la natte qui couvre les dalles, faisant dans leurs brillants manteaux de soie (féredjés) l'effet d'un parterre de fleurs multicolores, dont les boutons seraient les jolis petits enfants qui rient et jouent autour d'elles. L'orateur, un bon vieillard, en élégante robe de chambre, adresse sûrement des conseils paternels à ses enfants. Son regard est bienveillant, sa voix sympathique ; tantôt il gronde, tantôt il questionne et semble attendre une réponse ; quelquefois même il provoque les joyeux éclats de rire de son auditoire. J'eus bien du regret ce jour-là de ne pas savoir le turc, car je trouvais charmante cette manière familière de causer en chaire et je ne pouvais m'empêcher de la comparer avec les longs et monotones sermons des églises écossaises, où pasteur et ouailles prennent des airs plus contrits les uns que les autres, où c'est un péché, même pour un enfant, de sourire et où ces pauvres petits êtres sont condamnés à l'immobilité quelquefois pendant deux longues heures.

Le voyageur qui désire visiter les mosquées de Constantinople doit se munir de pantoufles de rechange, car ici on n'a pas, comme au Caire, l'aimable attention de lui en fournir. Il s'agit donc, si l'on ne veut pas marcher avec ses bas, de changer complètement de chaussure avant de pénétrer dans le sanctuaire, et l'on comprend que des bottines lacées ou à douze boutons exigeraient un travail ennuyeux et causeraient une grande perte de temps.

Un pieux musulman me poursuivit en grommelant, croyant que je ne m'étais pas conformée à cette règle de convenance, et il ne parut satisfait que lorsque Giovanni lui eut montré dans la voiture nos quatre souliers à usage profane.

De nombreux palais et de belles campagnes longent les contours accidentés du Bosphore ; ses rives en sont bordées, ses vallées et ses monts en sont couverts. Des jardins, où le sombre cyprès se mêle aux orangers, aux citronniers et aux figuiers, entourent ces riantes habitations. Thérapia et Bujukdéré sont ici ce que Ouchy ou Montreux sont sur le lac Léman : des lieux de plaisance où se retirent les citadins las du bruit de la ville. Aussi un étranger visitant Constantinople ne doit pas manquer d'aller voir ces belles campagnes.

A deux pas du débarcadère de Bujukdéré se trouve l'hôtel de l'Europe, où nous dirigeons nos pas pour déjeuner. Pour passer le temps avant notre repas, nous nous plongeons dans les eaux bleues du Bosphore. L'eau est si claire, qu'il me faut un certain courage pour affronter les poissons qui circulent dans ma cabine, mais probablement leur frayeur est plus grande que la mienne. Bien rafraîchis, nous nous mettons à table avec deux étrangers.

Les portes et les fenêtres sont grandes ouvertes. A peine sommes-nous assis que la maîtresse de l'hôtel, une grosse Allemande, aux cheveux flottants comme une crinière, appelle d'un ton de commandeur : « Herr Doctor ! » Un des étrangers se lève et répond à l'appel. — Pardonnez-moi, dit l'hôtesse, c'est à votre voisin que je désire parler. — Celui-ci est un petit homme à cheveux noirs, aux yeux d'aigle, le nez crochu et le teint jaune. Les deux messieurs, ayant par hasard découvert qu'ils sont tous deux fils d'Esculape, font bien vite connaissance. L'un est médecin de la frégate de l'ambassade russe, l'autre est un Valaque et voyage avec un pacha de Bagdad, qui est actuellement l'hôte du sultan. — Leur conversation s'anime en parlant médecine, et lorsque mon compagnon de voyage s'en mêle aussi, voilà la table d'hôte transformée en un trio médical avec moi seule pour rompre le charme.

La médecine, comme les autres sciences est une sorte de franc-maçonnerie qui réunit bien vite ses membres, n'importe leur nationalité. Après avoir suffisamment parlé médecine et médecins, nous entamons d'autres sujets de conversation. Le docteur valaque répond à nos questions sur les mœurs de Bagdad ; il résulte que la civilisation y est encore moins avancée qu'à Constantinople. Les femmes, grâce à la jalousie de leurs époux, y sont encore plus prisonnières qu'en Turquie.

Pour nous médecins, c'est parfois désespérant ; jamais nous ne voyons la femme que nous soignons et on ne nous appelle que comme dernière ressource. Le mari nous reçoit dans la chambre voisine à celle où est couchée la malade, et nous raconte les souffrances de celle-ci. Je demande timidement la permission de tâter le pouls ; si le mari y consent, la main de la patiente m'est présentée, au travers de la porte entrebaillée, soigneusement enveloppée, sauf l'espace absolument nécessaire pour appliquer les doigts sur l'artère. S'il faut ausculter, on en obtient encore la permission, mais la malade couchée sur un divan, est recouverte d'un drap qui dépasse les pieds et la tête. Si pour un accouchement laborieux et qui a déjà duré plus de vingt-quatre heures, je déclare que je ne puis faire des miracles, que je ne puis porter des secours à distance, la réponse que j'ai reçue plus d'une. . . « Eh bien, meure ! » et on me montre la porte. C'est Orient que les femmes médecins auraient de vrais succès ! J'ajoute ici comme post-scriptum qu'un Egyptien m'a assuré qu'au Caire les maris jaloux ou les femmes trop pudiques, lorsqu'ils font venir le médecin, ont soin de faire tendre par leurs eunuques un drap qui sépare le docteur de la malade, et dans lequel on pratique une petite fente pour laisser passer la langue, quitte à agrandir légèrement l'ouverture si le docteur réclame le pouls !

Désirant me renseigner sur les marchés d'esclaves, je questionne à ce sujet le docteur de Bagdad. Il dit : « Depuis quelque temps, la vente des esclaves est défendue en public, mais elle se fait tout de même et sur une grande échelle à huis-clos. Restez encore un jour à Constantinople, et je m'engage à vous montrer autant de marchandise humaine que vous pouvez désirer en voir ; le Pacha que j'accompagne a fait le voyage de Bagdad à Constantinople tout exprès pour remonter son harem, et il a déjà, ces derniers jours, acheté dix Circassiennes. C'est dégoûtant, je vous l'avoue, et franchement si j'avais su avant mon départ le but de son voyage et à quoi je devais lui servir, je n'aurais jamais accepté ses conditions. Voulez-vous que je vous raconte comment cela se passe ? »

Dans une grande salle du château, le Pacha, un grand bei homme à haute taille, est assis, les jambes croisées sous lui, fumant son chibouc et ayant à côté de lui son médecin. La porte s'ouvre et deux jeunes filles, habillées à l'européenne, entrent les cheveux défaits sur leurs épaules, les yeux baissés, les bras croisés et suivies du marchand. Les filles s'avancent vers le Pacha, lui baisent la main ou le vêtement, ou quelquefois les deux côtés de son divan. Il les regarde, soulève leur chevelure pour en connaître le poids, étudie attentivement leurs figures, puis il tâte les épaules, les bras, etc., et si ce premier examen paraît le satisfaire, il ordonne qu'on leur ôte les vêtements.

Ceci fait, sans gêne aucune de la part des filles, le Pacha prie son médecin de se prononcer sur leur état de santé. Si le Pacha désire acheter l'esclave il en demande le prix qui varie en général de 200 à 500 fr. Le Pacha trouve toujours que c'est trop ; c'est alors au marchand à faire valoir sa marchandise ; il vante un talent de chant, de musique ou de danse, et le marché se conclut à la satisfaction de tout le monde, même de la fille qui est ravie d'être achetée par un Pacha et fière du prix qu'il a bien voulu donner pour elle.« Voulez-vous me suivre dans mon pays? lui dit le Pacha et elle, croisant les bras et baissant les yeux, répond : Ce que le maître veut,l'esclave le veut aussi. »

Une seule fois j'ai entendu un soupir ; c'était lorsque le Pacha ne voulant pas donner le prix demandé pour une fille moins jolie que les autres s'écria : « Comment voulez-vous que je donne plus de 200 francs pour un chiffon pareil?» L'orgueil de la pauvre fille fut blessé, mais le marchand la fit valoir en disant qu'elle savait pourtant si bien faire la cuisine, ce qui décida le Pacha en sa faveur.

J'avais peine à en croire mes oreilles. Comment ! en Europe de pareilles choses se passent encore? Mais à quoi sert de les défendre si ceux qui font les lois les transgressent eux-mêmes ? Quelle horreur de penser que ce sont les parents eux-mêmes qui, en Circassie, vendent leurs enfants pour être élevées à cet usage!

XIV

LES DERVICHES

De Galata à Scutari nous traversons en caïque. Ce genre de navigation n'est pas rassurant la première fois qu'on le pratique, car c'est à peine si le milieu de ces étroites petites barques touche l'eau, et les deux pointes s'en affranchissent complètement en décrivant une gracieuse courbe vers le ciel. Un fort vent souffle, grossissant les vagues plus que je ne l'aurais désiré.Le batelier sou-

rit de mon inquiétude, et l'autre passager se permet d'en rire, mais le monde me paraissait si beau ce jour-là, que je n'avais nulle envie de le quitter. La traversée n'est heureusement pas longue et notre rameur nous dépose sur la côte d'Asie sans nous faire prendre un bain en route.

Avant de visiter les derviches, nous faisons l'ascension du Bulghurhi, une haute colline qui domine Scutari. Le panorama est de toute splendeur; il faudrait une autre plume que la mienne pour le dépeindre. Surpris par une scène aussi grandiose, on ne peut s'empêcher d'admirer l'Auteur de la nature.

En face de nous, à cinq ou six kilomètres, se trouve Constantinople divisée en deux parties par la Corne d'Or, cette ravissante baie profonde qui s'étend à perte de vue jusqu'aux Eaux-Douces d'Europe, séjour d'été fashionable des dames turques.

Des centaines de vaisseaux y circulent ou sont à l'ancre, à l'abri du courant rapide du Bosphore. A gauche de la Corne d'Or est Stamboul, le vieux quartier turc où s'élèvent la haute coupole de Sainte-Sophie, la tour du Séraskier, d'où l'on annonce les incendies si fréquents à Constantinople, et une myriade de minarets qui, comme autant de phares, semblent montrer aux fidèles le chemin du ciel. Le vieux sérail avec ses murs si blancs et ses jardins si verts, ses nombreuses coupoles et ses kiosques légers, couronne le rocher arrondi qui garde l'entrée de la Corne d'Or en face de Galata. A droite au-dessus de Top-Hané et de Galata s'étend le quartier de Péra, que les Turcs nomment par mépris des chrétiens « le quartier des porcs ». — Le Bosphore est à nos pieds, comme une large rivière, s'étendant à gauche jusqu'à la mer de Marmara qui ferme de ce côté l'horizon. Elle est parsemée de nombreuses îles, dont la plus belle, Prinkipo est habitée par des Grecs; nous comptons y faire ce soir une excursion où nous n'entraînerons pas le lecteur à notre suite. Des milliers d'embarcations animent cette vaste nappe d'eau ; les pavillons de toutes les nations s'y rencontrent.

En longeant les riantes côtes du Bosphore au-delà de Thérapia nous suivons ses eaux bleues jusqu'à la mer Noire, que nous regardons avec d'autant plus d'intérêt que nous comptons demain faire avec elle plus ample connaissance.

Une mauvaise route qui longe une riche forêt de cyprès aboutit à la mosquée où la curiosité nous attire. Rien ne nous sépare de cette épaisse forêt aux arbres gigantesques, au feuillage funèbre, et qui s'étend à perte de vue sur un terrain ondulé. C'est le champ des morts de Scutari, dernière demeure des musulmans ; ceux-ci, quoique habitant la terre d'Europe, n'aiment pas y être enterrés, à cause d'une prophétie d'après laquelle ils seront tous un jour relégués en Asie.

Les tombes sont marquées par une large et grossière dalle, surmontée d'un cippe terminé par une boule de la grandeur d'une tête, sur laquelle repose un turban ou un fez badigeonné de rouge, de jaune, de vert ou de bleu. La coiffure désigne la fonction du défunt. Une fleur, ou un cep de vigne grossièrement sculpté et peint en couleurs criardes marque le tombeau d'une femme, une branche de lierre ou une fleur de lotus celui d'une jeune fille.

Ici et là une tombe décapitée indique le lieu de repos d'un Janissaire, ces Mamelouks de la Turquie, qui, pendant des siècles, ont fait trembler les Sultans, et dont on conserve à l'arsenal d'Eski-Séraï les célèbres marmites qu'ils renversaient en signe de révolte. On montre également tout à côté l'arbre auquel les principaux chefs furent pendus comme préambule au terrible massacre ordonné par Mahmoud II en 1826.

La mosquée des derviches de Scutari, située au bord de la route en face du cimetière, est d'une simplicité bien d'accord avec la signification du mot derviche qui veut dire « pauvre » ; aucun ornement ne la distingue à l'extérieur, elle n'a aucune prétention à un style quelconque d'architecture. Deux ou trois fidèles, fumant à l'ombre d'un hangar, tout en veillant à l'entrée de leur mosquée, acceptent notre obole et consentent à nous ouvrir la porte après nous avoir livré de grosses babouches que, dans notre hâte d'assister à la cérémonie, nous risquons, comme Cendrillon, de laisser derrière nous ; car c'est tout un art que de marcher avec des babouches ; il ne s'agit pas de lever les pieds, mais de les glisser.

Les spectateurs infidèles sont tolérés dans un très-petit espace, mis à part pour leur usage et entouré d'une légère balustrade. La salle est un grand rectangle allongé, dont les murs blanchis à la chaux sont garnis de poignards à formes bizarres, d'instruments suspects, de lardoires, de broches et de tout un arsenal de ferrailles rouillées, de petites chaînes, d'appareils de torture, qui réveillent de désagréables souvenirs du moyen-âge. Mais rassurons-nous, ces armes, dont l'usage, grâce à l'intervention des ambassadeurs étrangers, a été défendu depuis quelque temps par le sultan, sont maintenant « mises au clou », et ne serviront plus que pour témoigner d'un léger progrès chez cette secte fanatique.

Les dévots sont au prélude de leur service religieux. Une trentaine d'hommes de divers âges, vêtus chacun selon son rang et exhibant une charmante variété de robes de chambre et de coiffures, sont accroupis, alignés en face de la niche sacrée et de leur Iman, répétant des versets du Coran d'un ton guttural et nasal, aussi vite que leur langue le permet. Les prières sont accompagnées de ce balancement du corps particulier aux musulmans et qui rappelle ces petits magots chinois, qui, une fois mis en mouvement, ne s'arrêtent que lorsque la force motrice primitive est épuisée. On est surpris, renversé, mais on a soin de ne pas questionner même du regard, les spectateurs européens ni de trahir le moindre signe d'étonnement. On peut tout au plus se mordre les lèvres et se demander si l'on est éveillé, ou si l'on rêve.

L'Iman, grand-maître des cérémonies, accroupi sur une peau de mouton devant la Kaabah, coiffé d'un grand turban vert et drapé dans un long manteau vert foncé, a l'air aussi sérieux et digne que l'évêque le plus apostolique, que le rabbin le plus orthodoxe ou que le pasteur protestant le plus convaincu. C'est un homme d'une quarantaine d'années, à en juger par sa belle barbe noire et ses yeux brillants. Sa figure, pâle et maigre, est empreinte de mélancolie, et si l'on se sent disposé à l'hilarité on n'a qu'à tourner les regards vers ce noble derviche, pour s'assurer que cette manière bruyante de louer le Créateur, qui nous paraît si ridicule, est aux yeux de ces musulmans la seule vraie et la meilleure. Le silence se fait ; les fidèles puisent dans un repos de quelques minutes une nouvelle force pour de plus importants exercices. Le spectateur, rivé sur place, ouvre les yeux, tend les oreilles, en se rappelant avec une certaine satisfaction la proximité de la sortie. Les derviches se lèvent ; cinq ou six se groupent au milieu de la salle sur des peaux de mouton, qu'ils viennent de jeter à terre : c'est le chœur. Impossible de décrire leurs cris, car on ne peut appeler cela un chant ; ce sont des vociférations horribles, le plus atroce charivari imaginable.

Les autres forment un long mur épais, chacun s'appuyant contre l'épaule de son voisin, les pieds nus, les figures tournées vers l'Iman, qui, d'un regard triste mais approbateur, encourage ses acolytes. D'un seul accord d'un seul élan, ces hommes s'élevant sur la pointe des pieds précipitent la tête en avant jusqu'aux genoux pour la rejeter aussitôt en arrière ; ensuite pliant légèrement le genou droit, ils se penchent à droite, puis à gauche, en avant, en arrière, et ainsi de suite. Toujours en cadence, toujours plus vite, ce mur vivant continue à se balancer, en hurlant le saint nom de Dieu. Les turbans tombent, la tête s'enfle, les yeux rouges et enflammés semblent prêts à sortir de l'orbite ; les mus-

cles du cou sont tendus, les veines gonflées ; l'on ne s'étonnerait pas d'assister à une attaque d'apoplexie.

Ruisselants de sueur, l'écume à la bouche, accélérant le balancement, criant toujours plus fort, ces maniaques ne s'arrêtent pas, tant qu'ils peuvent encore se mouvoir, tant qu'ils peuvent encore hurler : « Allah ! Illah ! Illah ! Allah ! »

Les musiciens sont comme des possédés, criant de toute la force de leurs poumons, battant la mesure avec leurs mains, frappant sur leurs cuisses, se balançant toujours, hurlant à tue-tête.

Pouvoir être derviche hurleur est certainement un brevet de santé ! — Je ne sais à quoi les comparer ; tantôt je me croyais dans une ménagerie où toutes les bêtes crieraient famine ; tantôt dans un asile d'aliénés furieux. J'en avais des battements de cœur et je couvais de l'œil la porte en me demandant comment cela pourrait bien finir ?

Exténués, épuisés, ces êtres disloqués, l'œil hagard, la langue pendante, ne se plient plus que machinalement, et leurs cris sauvages s'éteignent peu à peu comme dans le lointain ; on dirait des bêtes fauves se retirant dans la forêt après un affreux carnage ; on n'entend plus que de loin en loin un faible rugissement, puis ils tombent comme morts sur le plancher, et tout rentre dans le silence.

On a beau être un républicain sincère, on a beau trouver les rois, les empereurs et tous les souverains des fonctionnaires superflus, pour ne pas dire davantage ; on a beau se dire : « Ces gens-là sont en définitive des hommes comme nous ! » on aime cependant à les voir de près. Ils excitent toujours l'intérêt qu'éveille un personnage historique.

Nous nous mêlons donc à la foule des curieux, qui, près du palais de Dolmabatché, guette la sortie d'Abdul-Azis Khan de mystérieuse mémoire. Il est bientôt midi. La chaleur est excessive. De notre voiture nous étudions la foule qui nous entoure et tous les

préparatifs que l'on fait pour recevoir digne-
ment sa Hautesse. Tout autour de nous sta-
tionnent de nombreux coupés, qui abritent
les beautés de Constantinople. Ces houris,
dont les yeux noirs et brillants sont seuls à
découvert au milieu d'un nuage de vaporeuse
mousseline, animent la scène par les écla-
tantes couleurs de leur manteau de soie.
Elles sont surveillées de près par leurs eunuques, qui, la courbache à la main, rôdent autour des voitures. Des mendiants profitent
de l'occasion pour exercer leur industrie, et
tendent la main à une respectueuse distance.
L'un d'eux, un vieillard plus hardi que les
autres, s'approche jusqu'à la fenêtre d'un
coupé, mais aussitôt l'eunuque, comme un
chien enragé, bondit sur lui et le punit de
son audace en lui appliquant sur le dos plusieurs coups de cravache. La foule en rit, les
dames aussi, l'eunuque triomphe, tandis que
le pauvre vieux s'éclipse en grommelant et
en menaçant de loin de son bâton. L'étranger
est indigné, mais que peut-il faire, sinon de
s'estimer heureux de vivre dans un pays plus
civilisé ?

La route qui unit le palais du sultan à la
mosquée est gardée de chaque côté par une
haie de soldats. On la recouvre de sable
frais, car le cheval qui portera le royal fardeau doit marcher sur un sol qu'aucun autre
pied n'ait foulé.

Le moment approche. Les saïs conduisent au palais de superbes chevaux richement harnachés, dont les selles, ruisselantes
d'or et de pierreries, brillent au soleil.

La fanfare retentit, les soldats présentent
les armes, toutes les ombrelles se ferment
(l'étiquette le veut ainsi), la foule s'agite,
chacun cherche la place la plus favorable.
Nous délogeons notre cocher et, perchés sur
son siége, nous dominons la scène.

Le défilé commence ; tous les regards se
portent sur le Commandeur des croyants, ce
Salomon moderne, qui, pour le peuple musulman et pour beaucoup d'autres, person-
nifie le bonheur suprême.

Il ouvre la marche, en uniforme de général. le grand crachat de l'Osmanié sur la poitrine ; un vulgaire tarbouch couvre sa tête
grisonnante ; il est gros de corps et de figure
et ses jambes paraissent courtes même à
cheval. Son superbe coursier porte fièrement
sa tête et semble sentir toute l'importance
de son rôle. Le grand-vizir et une quarantaine de hauts dignitaires suivent à cheval sur
deux rangs.

Tout à coup, à un signal donné, tous, sauf
le sultan, sautent à terre, les saïs saisissent
les chevaux par la bride et les emmènent à
grand galop, et tous les personnages de la
suite s'alignent sur deux rangs, les bras
croisés devant la poitrine et, la tête baissée,
accompagnent dans cette humble posture
leur auguste maître jusqu'à la mosquée où
les portes se ferment sur eux. A peine quelques acclamations saluent le cortége, aucun
enthousiasme ne se fait jour, et l'impression
un peu triste que laisse cette cérémonie
prouve que ce souverain est craint plutôt
qu'aimé. La multitude se disperse en silence,
et nous continuons notre route.

Avant de quitter Constantinople, nous
avons encore le temps de voir à Péra les
derviches tourneurs.

La cérémonie a déjà commencé et je ne
sais si ces moines musulmans ont déjà fait un
premier tour de valse. Dans ce moment, un
profond silence règne dans leur mosquée.
Nous nous installons sans bruit derrière notre balustrade, comme chez les hurleurs. La
salle, dont le parquet à forme octogone
brille comme un miroir, est éclairée par de
grandes fenêtres qui dominent la vue féeri-
que de la Corne-d'Or.

Une galerie l'entoure, dont la moitié, en
face de nous, est fermée par de fins treillis de
bois et sert de loge aux femmes turques ;
l'autre est réservée aux hommes et à l'orchestre.

Les derviches, au nombre de vingt-quatre,
sont plongés dans une profonde méditation.
Ils forment un demi-cercle en face de l'Iman.

A genoux, enveloppés d'un grossier manteau couleur café au lait, le corps penché en avant, ils allongent le cou, leur figure est à deux doigts du plancher, ils sont comme autant de pélerins qui s'apprêteraient à étancher leur soif à une rivière invisible. Coiffez ces vingt-quatre têtes d'autant de hauts chapeaux de feutre gris à forme conique, et vous aurez devant vous le curieux tableau que nous observons. Le silence est brusquement interrompu par un bruit sec, qui ferait sûrement tressaillir une personne nerveuse. Ce sont les derviches, jusqu'alors tranquilles comme des mannequins, qui sortent de leur immobilité et annoncent ainsi leur retour à la vie en appliquant tous à la fois, bruyamment leur quarante-huit mains contre le plancher. C'est probablement un appel à l'orchestre, car au même instant la musique se fait entendre.

Nous ne voyons pas les artistes, ils sont au-dessus de nos têtes, mais à en juger par l'effet nous les soupçonnons d'être en possession d'instruments très-primitifs ; quelques ustensiles de ménage, tels que des casseroles, des arrosoirs, des pé'es à feu et quelques clefs pourraient au besoin les remplacer. Cependant cette musique a toujours le cachet de l'or ginalité ; elle roule sur trois ou quatre notes, si l'on peut donner ce nom à des sons aussi peu harmonieux, et une seule note sert de basse. Je me demande lesquels remporteraient le prix, si on proposait un concours de musique entre les « highlanders » écossais avec leur fifres et leurs cornemuses, et cet orchestre turc ? La mesure est lente et appropriée au pas du menuet, que les vingt-quatre derviches exécutent solennellement autour de la salle, laissant entre chacun d'eux une distance égale. Un large manteau qui tombe jusqu'aux chevil es, laisse voir leurs pieds nus. Chaque derviche, arrivé devant la Kaabah, salue gravement l'Iman qui habillé comme les autres reste immobile à son poste ; la main droite sur son cœur, le premier derviche fait une profonde révérence, puis il se retourne et salue avec la même onction une seconde fois, de sorte que le second, exécutant de point en point la même figure, les deux chapeaux se rencontrent, ce qui ne laisse pas de produire un effet assez comique. Ces salutations se répètent autant de fois qu'il y a de derviches.

Cette polonaise en solo ne manque pas de charme et les exécutants, qui défilent à deux pas de nous, excitent notre admiration autant par la grâce de leur démarche que par la dignité de leur physionomie. Tantôt c'est un vieillard à longue barbe blanche, qui me rappelle tel ou tel de mes vénérables amis, tantôt c'est un jeune homme svelte, dont le regard béat commande notre respect ; la plupart sont de beaux hommes dans la force de l'âge.

Ayant fait deux fois le tour de la salle, répétant avec le même sérieux ces mêmes salamalecs grotesques, le cercle mouvant s'arrête. Chaque derviche se débarrasse de son lourd manteau et paraît tout habillé de blanc, d'une longue jupe de percale, et d'une petite veste assortie à manches très-étroites et fermée jusqu'au cou. La marche se change en une valse à trois temps et voilà nos vingt-quatre moines pirouettant autour de la salle à qui mieux mieux, seul à seul, chacun pour son propre compte. Les bras relevés au-dessus de la tête, ou étendus en croix, la tête renversée sur l'épaule, ils tournent comme des toupies de gauche à droite sur leurs pieds nus. Toujours gardant une égale distance, sans se toucher, sans jamais se heurter, sans sortir du cercle, ils font ainsi plusieurs fois le tour de la salle, s'animant toujours davantage. Leurs pieds semblent à peine toucher terre, leur jupe, enflée par la brise que soulève leur passage, prend la forme d'une cloche ; on dirait de grandes campanules blanches. Pour varier la figure de la danse, sans cesser de pirouetter, ils forment deux cercles l'un dans l'autre, au centre desquels pénètre l'Iman, se faufilant entre les danseurs en marquant du pied la mesure, comme le ferait un maître de danse.

A la fin ces infatigables valseurs s'arrêtent subitement, sans signe quelconque de vertige, mais ruisselant de sueur, et ayant l'air de gens qui ont accompli un sérieux devoir. Par un dernier élan, leur jupe entoure leurs maigres membres, comme un liseron fané ; chaque derviche se drape de nouveau dans son gros manteau et peut ainsi, sans danger de prendre froid, jouir d'un repos bien nécessaire. J'ignore si le bal était tout-à-fait terminé, je serais volontiers restée pour le cotillon, mais on sonne le départ du bateau. Souvent depuis lors je me transporte le vendredi dans cette mosquée de Péra, car si je ne comprends pas le côté religieux de la cérémonie, je n'en admire pas moins la gracieuse exécution. Bien des danseurs pourraient envier le secret de ces disciples de Terpsichore et apprendre à valser auprès des derviches.

A Hambourg, dans ma jeunesse, une de mes amies d'école, une anabaptiste, m'engagea à l'accompagner dans son église, pour y assister à une cérémonie de baptême.

Le fond de la salle est consacré à une immense baignoire, sorte de piscine pratiquée dans le plancher, et que l'on couvre ou découvre à volonté. Quelques marches spacieuses conduisent jusqu'à l'eau. Le pasteur, en vêtement imperméable, serré à la taille par une corde, les jambes enfermées dans de hautes bottes également imperméables, conduit par la main, l'une après l'autre, trois jeunes filles pâles et tremblantes d'émotion. Elles sont en bonnet de nuit, en chemise montante et en jupe de laine. Le Jean-Baptiste moderne entre avec elles dans l'eau jusqu'à la ceinture, et leur prenant les deux mains les plonge l'une après l'autre complètement par trois fois, au nom du Père, du Fils et du Saint-Esprit. Les pauvres jeunes filles sortent de ce nouveau Jourdain, haletantes et toutes saisies. Une vieille femme les reçoit pour les envelopper immédiatement dans une grande couverture de laine et les ramener sous le toit paternel. Le pasteur procède de la même

manière avec quelques hommes. Les fidèles, très nombreux, paraissent émus et chantent pendant la cérémonie des cantiques langoureux. Je suis seule étrangère dans l'assemblée ; j'ai grand'peine à conserver mon sérieux et plus tard, lorsque je fis part à mon amie de mes impressions, elle vit avec regret qu'il n'y avait pas espoir de me gagner à sa secte, la seule véritable sur terre.

« Viens avec moi, lui dis-je plus tard, assister à nos cérémonies; nos prêtres ne sont pas les premiers venus, ils sont les seuls qui aient le droit d'administrer les sacrements, car ils sont institués par nos évêques, les successeurs directs de Jésus-Christ par l'intermédiaire de l'apôtre saint Pierre. Le chant, accompagné de l'orgue, est autrement solennel, que chez vous, et dans notre église tous à genoux, s'unissent aux prières de notre belle liturgie, que chacun sait par cœur. »

Mon amie vint, mais ne fut pas gagnée à ma cause; trouvant que tout allait mal dans notre église apostolique, elle se déclarait prête à me démontrer la bible en main, que les anabaptistes seuls sont dans le vrai ; j'ai donc également dû renoncer à faire une conversion.

Il en est exactement de même chez les musulmans ; le Coran en main, les derviches hurleurs justifient leurs cris, les derviches tourneurs leurs danses, et ainsi de suite. Ne rions donc pas les uns des autres ! A chacun sa manière de louer le Créateur. Jugeons une religion, non pas par ses formes, mais par la vie et la conduite de ses adhérents, et sachons tous dire à l'occasion, avec un digne prêtre catholique de mes amis, qui, s'extasiant sur la vie exemplaire d'un juif libre-penseur, s'écriait : « M. M... est le meilleur chrétien que je connaisse ! »

XV

LE RETOUR

La mer Noire n'a pas fait mentir sa mauvaise réputation. A peine sortons-nous des eaux tranquilles du Bosphore que de grosses vagues nous assaillent et, prenant notre vaisseau de flanc, le balancent dans toutes les directions, à droite et à gauche, en avant et en arrière, forçant les passagers, bien contre leur gré, à répéter les mouvements désordonnés des derviches de Scutari, et cela pendant douze heures consécutives. Neptune, tu ne plaisantes pas lorsque tu te fâches ! Heureusement il y a une fin à tout; arrivés à Varna, nous n'avons plus de mer à affronter. En quelques heures le chemin de fer nous mène à Rustschuk, où commence la navigation du Danube. Quel changement ! c'est la vie monotone et tranquille de tous les jours après les luttes et les orages. Deux jours se passent dans une douce insouciance ; on jouit sur le pont d'une agréable fraîcheur ; le fleuve que les Allemands appellent « le bleu Danube » est d'un brun sale, mais sans une ride. Sa largeur dépasse souvent un kilomètre ; ses rives sont monotones, et sans aucun effet pittoresque. Au nord, s'étendent les steppes de la Roumanie et ses prairies sans fin, tandis qu'au midi, dans la Bulgarie, on aperçoit ici et là à l'horizon de petites collines. De temps à autre quelques groupes d'arbres, un pauvre village, un berger qui fait paître ses brebis, ou qui mène boire son troupeau de bœufs à longues cornes, viennent rompre l'uniformité de la scène. Nous passons Shistowa, Zimnitza, Nicopoli, la forteresse de Widdin, et nous jetons l'ancre pour la nuit à Turn-Séverin, car à partir d'ici la navigation devient dangereuse et, à mesure que nous remontons le fleuve il nous faut nous contenter de plus petits bateaux, à moindre tirant d'eau.

C'est une ville civilisée que Turn-Séverin ; toute la population endimanchée, réunie dans un beau jardin public qui domine le Danube, assiste comme nous à un concert cosmopolite, où nous entendons de la musique pour tous les goûts, où les airs arabes, turcs et hongrois alternent avec les valses de Strauss.

Après Turn-Séverin, le fleuve devient plus rapide, des rochers escarpés l'encaissent des deux côtés. A Orsowa, la douane nous arrête pour réclamer ses droits, que les honnêtes gens acquittent en maugréant, tandis que d'autres, moins consciencieux, s'arrangent de façon à passer leurs cigares en contrebande. A quand la suppression des frontières ?

Les rochers resserrent toujours p'us le fleuve et atteignent bientôt une hauteur de 600 mètres ; nous franchissons l'ancien pont de Trajan, dont plusieurs piliers sont encore visibles aux basses eaux ; le courant devient de plus en plus rapide ; ici et là il faut éviter de dangereux tourbillons et les récifs qui des deux côtés s'avancent dans le fleuve, car nous arrivons aux célèbres Portes de fer. Pendant une heure ou deux le fleuve serpente au milieu des rochers et souvent on se demande s'il a une issue. L'ensemble du paysage rappelle la Suisse saxonne. Encore une heure de navigation et nous sommes à Bazias, où le train nous attend pour nous mener à Pesth.

A Pesth, nous disons décidément adieu à l'Orient. La beauté des édifices, des hôtels, et des quais, son magnifique théâtre, ses grandes rues propres et bien pavées, ses ponts majestueux qui traversent le Danube, le château royal, qui, du haut d'une colline, domine la ville, comme le coteau de Fourvières domine Lyon, tout a un caractère européen. Les femmes ne sont plus forcées de se cacher le visage et elles se promènent bras-dessus bras-dessous avec les messieurs.

Nous pourrions prendre ici congé de nos lecteurs, si nous n'avions eu la chance d'assister à une cérémonie qui offre un contraste curieux avec le cortège du Sultan. Nous voulons parler de l'ouverture du Reichstag. Dès l'aube le canon résonne, le drapeau royal flotte sur la « Hofburg », toute la ville est sur pied. Suivons la foule, qui envahit la gare du chemin de fer funiculaire, « la ficelle », qui en quelques minutes nous conduit au sommet de la colline. C'est un défilé interminable de beaux équipages, traînés par ces chevaux hongrois, qui, n'était l'os frontal un peu trop proéminent, poúrraient rivaliser de beauté avec les plus célèbres races chevalines. Les cochers, les piqueurs et les valets de pied portent des livrées brillantes au cachet éminemment national, livrées qui, depuis plus d'un siècle, n'ont pas varié chez les principales familles. Grâce à notre qualité d'étrangers, on nous introduit dans le grand escalier d'honneur où les gardes du corps, en costume du moyen-âge, la hallebarde à la main, font la haie des deux côtés ; de là, nous assistons à l'arrivée de tous les députés. Eux aussi ont leurs costumes nationaux, costumes de famille, qui ne ressemblent en rien à des uniformes militaires. Jamais au théâtre, ni dans aucun bal costumé, on n'a pu réunir une si grande variété, une si grande richesse de vêtements.

Ce n'est que satin et velours, manteaux de fourrures, agrafes d'or, de perles et de pierreries, plumes d'aigles ou d'autruches, aigrettes d'oiseaux de paradis, etc. ; le tout porté par de vaillants Magyars, représentants de cette belle race, si fière d'avoir conquis son indépendance et d'appartenir à une monarchie constitutionnelle. L'empereur d'Autriche, qui n'est ici que roi de Hongrie, reçoit tous ses députés dans le grand salon du château, puis commence le défilé pour se rendre à la salle du parlement. François-Joseph, en uniforme blanc de général autrichien, portant en sautoir le grand cordon rouge et blanc de l'ordre de Marie-Thérèse ouvre la marche suivi de tous ces brillants seigneurs.

L'effet est grandiose, et ce qui nous frappe le plus c'est la fière démarche, le noble maintien des députés ; ce n'est pas un Magyar qui suivrait le cortége, les bras croisés sur la poitrine, la tête baissée, comme le grand-vizir et tous les pachas de Constantinople et comme le khédive lui-même est obligé de le faire devant son suzerain.

C'est que les Hongrois ont le sentiment de leur dignité ; ils savent qu'ils sont les véritables représentants du peuple et n'ont pas été façonnés à la servilité par de longs siècles d'oppression. Mais si une monarchie constitutionnelle, telle qu'elle existe par exemple, en Hongrie, en Angleterre et en Belgique, est un grand progrès sur tous les gouvernements despotiques, la noble simplicité des institutions républicaines n'est-elle pas plus belle encore ?

Demain, nous serons à Vienne, d'où nous ferons une excursion dans le Tyrol pour rentrer en Suisse par Schaffouse et la chute du Rhin, mais ces pays sont trop connus pour que j'entraine le lecteur à notre suite.

Toepfer a dit dans ses voyages en Zig-Zag : « Le plus beau jour d'un voyage est celui qui précède le départ » ; si cela est vrai pour des écoliers en vacances, il n'en est pas de même pour une femme, surtout pour une mère de famille. Pour elle, malgré toutes les jouissances des courses lointaines, sa satisfaction n'est complète, son voyage n'a réussi que lorsque, de retour chez elle, elle peut embrasser ses enfants et les retrouver, eux et ses parents, en bonne santé.

———

Le voyageur forcé de s'arracher des galeries artistiques de l'Europe ne le fait généralement qu'après s'être muni d'une ample provision de photographies, qui sont censées entretenir dans sa mémoire les œuvres d'art devant lesquelles il s'est presque agenouillé. Dans les premiers jours, le souvenir aidant, il s'extasie encore devant ces faibles représentations des créations des grands maîtres, mais peu à peu il finit par n'y plus voir que la simple photographie et alors il se demande pourquoi il s'était senti si ému en face d'un Raphaël, d'un Michel-Ange, d'un Rubens, d'un Murillo, ou d'un Claude-Lorrain ! C'est ce que j'éprouve en relisant ces souvenirs de voyage, je n'y trouve plus qu'une pauvre photographie, qu'un pâle reflet de jours bien heureux. C'est à ce titre que je les offre à ceux qui ne peuvent aller voir eux-mêmes quelques-unes des magnificences de ce splendide Orient.

Imp. Gén. du Rhône.

TABLE DES MATIÈRES